みんなの
ビッグデータ

リアリティ・マイニングから見える世界

ネイサン・イーグル＋ケイト・グリーン 著
ドミニク・チェン 監訳　ヨーズン・チェン 訳

Nathan Eagle and Kate Greene
Reality Mining: Using Big Data to Engineer a Better World

NTT出版

Contents

はじめに — 1

I 個人（1人）のスケール

第1章 携帯電話、センサーとライフロギング——プライバシーに配慮した個人情報の収集 — 11

第2章 生活をより便利で健康的にするための、プライバシーを尊重した個人データの活用 — 35

II 近隣社会と組織（10人から1000人まで）のスケール

第3章 異質な小集団からのデータ収集 — 59

第4章 エンジニアリングと方針——より効率的なビジネスを作ること、超地域的な政治を可能にすること、ライフイベントの検索、そして機会の探索 — 77

III 都市（1000人から100万人まで）のスケール

第5章 交通データ、犯罪統計、監視カメラ——都市分析論の蓄積 — 95

第6章 エンジニアリングと方針——資源配分の最適化 — 111

Ⅳ 国家（100万人から1億人まで）のスケール

第7章 国の脈を測る―国勢調査、携帯電話、そしてインターネットの巨人たち 125

第8章 エンジニアリングと方針―国民感情、経済赤字、そして災害 141

Ⅴ 世界データのリアリティ・マイニング（1億人から70億人まで）

第9章 世界のデータの収集―世界国勢調査、国際旅行と貿易、地球スケールのコミュニケーション 161

第10章 より安全で健康的な世界へ 173

結論 187

監訳者あとがき 191

原註 212

索引 218

はじめに

いま「ビッグデータ」という言葉は大流行しています。ビッグデータに関連する会議、本、研究論文、そしてビジネスの機会はあふれています。これには大いに理由があります。今までは測ることができなかった量のデータから意味を掘り出したり、明確な兆候を見いだしたり、未来さえも予測したりするという考えは確かに魅力的だからです。しかし、そうした会議、本、論文やビジネスプランが示したように、このように大規模なデータ量にどのように取り組み、どう上手に活用するかというのは簡単なことではありません。

われわれはビッグデータを、人間と、さまざまな物がネットワークでつながっているデジタルな世界とが相互作用する際に生まれる情報の断片の集積として定義しています。このデータは、個人の単一の変数を数年にわたって収集したものであったり、数億人から瞬時に集めた複数の変数であったりします。ビッグデータは時間的に長かったり、膨大なテーマがあったり、または広い範囲を有したりするものです。または、これらの特性が組み合わさる場合もあります。

いくつもの技術的要因が統合された結果、ビッグデータは現代世界の現実となりました。あなたのポケットには、強力なプロセッサーを持ちインターネットに常時接続する携帯コンピュータが入っており、データを収集したり、数字を吐き出したり、情報を遠隔のサーバー［企業や官庁などのデータセンターに配置され、ウェブサイトやその他の情報を配信するコンピュータ］に送ったりしています。クラウドコンピューティングや、集積密度を増し続けているデジタルな記憶装置などがありとあらゆる情報を保存するようになりました。そのうえ、ストリーム・プロセッシングと呼ばれる並列処理モデルの発展により、データを複数の分散したコンピュータで処理できるようにもなりました。また、マップリデュース（MapReduce）やオープンソース［プログラムの基となるコードがコードが誰でも無償で利用したり改変できる形で一般に公開されること］のハドゥープ（Hadoop）のような大容量データセット用のプログラミング技術の発展が、急流のようになだれ込む情報の意味を解釈することを可能にしています。

ビッグデータは、私たちが日常生活を営む過程で残す「デジタルな排気」[*1]もしくは「デジタルな足跡」と呼ばれています。つまり、私たちの人生のメタデータ［ある情報に関する二次的な情報を意味するデータ］なのです。人によってはこの言葉は、プライバシーのない世界や、われわれ自身よりもわれわれを良く知っている企業のこと、果ては権力への脅威として政府に睨まれた人々に対する監視、などといった懸念を思い起こさせるでしょう。別の人々にとっては、ビッグデータはデータベース技術をお金に変えるビジネスチャンスとして映ったり、次世代情報工学の一大トレンドに乗る機会を意味したりするでしょう。

そしてさらに別の人々は、世界中の人間が毎日排出しているエクサバイト級[*2]のデータから何らかの価値が得られると信じています。*3

本書の著者であるわれわれは後者の部類に入っています。責任ある方法で、ていねいに、そして脈絡正しく考えていけば、ビッグデータは公衆衛生を改善し、個々人のより良い決定を導き、知識の共有を培い、イノベーションの度合いを高めることができると信じています。ビッグデータの時代はすでに始まっており、当分の間は続くはずです。重要なのは個人情報と自由が守られ、プライバシーが無視されず、そして消費者が自分のデータを誰が、いつ、どのような目的でアクセスしているのかを把握できるようにすることです。データ収集が良識とともに行われる限り、ビッグデータを使ってより良いシステムを、そして潜在的により良い世界を構築することは可能だと考えています。このために、われわれはリアリティ・マイニング（現実の採掘）と呼ぶ手法を使います。これはビッグデータの分析そのものにとどまらず、その分析が、良心的なデータ収集の手法に一致しながら、関連する状況と人々の現実を反映しているかどうかを確実にするものです。

したがって、本書のめざすところはビッグデータのポジティブな可能性、とりわけリアリティ・マイニングがいかにより良い社会システム構築に使えるかを探ることです。すなわち、われわれは、歩数計データの棒グラフのような簡単で記述的な分析を超えるようなアイデアを導入します。犯罪や疫病発生の観測マップから得たデータを意味のある行動や対策に変える方策を検討します。グローバルな匿名データを活用するシステムを考えます。そして、公衆衛生設備が限られている発展途上国において疫病への早期警報システムをどう配備するか、といった問題を考えます。

かいつまんで言えば、われわれはビッグデータの活用がどう人々の生活を改善するのかを探りたいのです。

本書は五部に分かれており、各部はそれぞれのデータ収集の規模におけるビッグデータに特有の課題と可能性を取り扱います。チャールズ・イームズとレイ・イームズによる1977年の短編映像『パワーズ・オブ・テン（Powers of Ten）』が宇宙の超ミクロと超マクロの幅をなめらかに見せたのと同様なやりかたで、われわれはビッグデータを小さなスケールから徐々に大きなスケールへと見ていきます。

このリアリティ・マイニングの旅は個人のスケールから始まり、一人の人間が生み出したり適用されたりするデータを見ていきます。そこから、一つずつスケールを上げていき、近隣社会と組織へ、それから都市へ、国家へ、最終的に地球レベルのスケールを見ていきます。もちろん、この枠組みは絶対ではないし、すべてのシナリオに適用できるとも限りません。当然、あるスケールで収集したビッグデータは他のさまざまなスケールにも適用できます。われわれはこのような多様な適用例を適切なところで適宜記述していきます。ビッグデータの収集と活用に関わる固有の課題を考える際には、この五つのレベルの構成は扱いやすいと思います。

五つの部はそれぞれ二つの章に分かれています。各部の最初の章は収集されたデータのタイプ、その収集方法、そして可能な限り、読者がそのデータにどうアクセスできるかを詳しく述べます。各部の二つ目の章は、そのデータに基づいて作られた、もしくは作られると思われるアプリケーションとシステムを紹介します。

つまり、各部の最初の章は、さまざまなタイプの収集可能なデータ、そしてこれらのデータにどうやってアクセスするかを考えるガイドを提供します。データ取得のアプローチとしては、睡眠データを収集するモバイルアプリを作ることや、航空管制データのプロバイダーに加入すること、グーグルが提供する簡単なツールでデータを解析することなど、さまざまです。たとえば携帯電話の通話データ記録のような、ほとんどの人が簡単にアクセスできないデータの場合には、われわれはそのデータの制限されたアクセス方法や実際のデータの新たな代替を見つける方法などを提案します。

読者が収集できるデータのタイプを理解したら、われわれはそれを使うリアリティ・マイニングのアプリケーションを検討します。これらのシステムの一部はすでに存在しており、一部は開発段階にあり、その他はまだ全く検討されていないものも含みます。すでに使用可能なアプリケーションのごく一部の情報を提供し、未知の可能性に光を当てます。

この本を書くにあたり、われわれは当初、プライバシー問題に単独の章を当てて、それによってビッグデータ収集とその使用に関わる難題に対する配慮を示そうかと思いましたが、結局、そうはしませんでした。往々にして、技術者や企業は初期計画をほぼ完成させてから初めてユーザーや顧客のプライバシーを考えます。その場合、プライバシーの要件は主なデザインがほぼ完成してからつけ加える追加点になってしまいます。本書がこのようなアプローチをたどるのは本意ではありません。われわれとしては、プライバシーへの期待とデータ共有の満足度は最初から考慮すべきものであり、あらゆるアプリと製品のデザインに深く焼き込まれるべきものだと思います。このため、本書を通じて、プライバシー問題、データの収集と使用に関する一般認識、これらのアプローチへの満足度（満足度は多くの変数に影響される変動的な目標である場合が多いですが）ならびにプライバシーを意識したアプリケーションの作成方法などを必要に応じて取り上げます。

重要な点として、本書は個別の分析方法論を他の専門的な文章、学術論文や議論に任せています。ビッグデータの技術的世界は広大です。リアリティ・マイニングを実践する人はすぐにも自分のデータセットに合致するさまざまな分析方法を発見するでしょう。無限の組み合わせがあるデータとアプリケーションのそれぞれに固有の分析を記述することよりも、われわれはリアリティ・マイニングのより広汎な問題に集中することにしました。それは、安全で、ていねいで、かつ有意義なデータ収集をどう構築するか、どのような方法で実用的で有益な人間中心のシステムを構築できるか、という問題意識です。

ビッグデータに関する議論の多くはいかに知識を「収集」するかに集中しています。それはまるで知識より先には行けない、あるいは行ってはいけないかのような印象を与えます。これに対して、われわれはビッグデータの新しい見方、つまり記述的分析より先の実用的な考察へジャンプすることを提案します。リアリティ・マイニングとはビッグデータを使って、個人レベルからグローバル・コミュニティまでのあらゆるスケールのポジティブな変化に影響しうるシステムを開発することです。それはまた、ビッグデータを使って、生活と健康を改善しながら、70億もの隣人たちとともにより良く、よりスマートに、より幸福に生きることを可能にする術でもあります。

1 〔訳注〕デジタルな排気は「digital exhaust」の直訳。これは構造化されていない記録データ全般を指す用語。デジタルな足跡は「digital footprint」の意訳。

2 〔訳注〕非常に膨大なデータ量で、1024^6＝百京バイト（1バイト＝アルファベット一文字）を示す。アメリカ議会図書館に収蔵されている全印刷物の10万倍に相当（出典：Leslie Johnston (April 25, 2012). "A "Library of Congress" Worth of Data: It's All In How You Define It", URL: http://blogs.loc.gov/digitalpreservation/2012/04/a-library-of-congress-worth-of-data-its-all-in-how-you-define-it/）

3 Andrew McAfee and Erik Brynjolfsson, "Big Data: The Management Revolution," Harvard Business Review 90, no. 10 (2012): 60–66.

Ⅰ

個人（1人）の

スケール

第1章

携帯電話、センサーとライフロギング

プライバシーに配慮した個人情報の収集

今日ほど私たちの日常に関するデータを簡単に収集できる時代はいまだかつてありませんでした。携帯電話やダウンロード可能なソフトウェアから電気皮膚センサーやウェアラブル［身につけることが可能なほど小型化された］カメラまで、われわれの習慣、居場所、買い物、交流関係や感情までも追跡する技術であふれています。現代の研究者にとって、日常行動に関するデータの生成とその記録が簡便になってきていることは、人間の行動に対する理解を深めることだけではなく、人間の実際の行動をよりよく反映するシステムの設計が可能になったことを意味しています。

センサーやソフトウェアの生活の中への浸透は、このような傾向を推し進める重要な要因となっています。とりわけ重要なセンサーの数々は今日の携帯電話に埋め込まれています。その普及に伴い、世界中の人々の日常生活に欠かせないものになりつつある携帯電話はまぎれもなく個人データ収集に不可欠なツールです。2012年末には、世界中の携帯電話契約数は60億近くにのぼりました。[*1] 最も単純な携帯電話でも、基地局と通信するたびにサービス提供事業者に所持者の居場所の痕跡を残します。当初は単なる通信機でしかなかった携帯電話にはいまや、どんどん新たなセンサーが取りつけられ、常に人々の行動に伴うコンピュータへと変化しました。ここで言うセンサーとは、身体の動きをモニターする加速度計、居場所を測るＧＰＳ、誰が近くにいるのかを探知するBluetooth（ブルートゥース）のような短距離の無線通信方式、近辺の出来事を察知するマイクなどであり、単純な通信記録でさえも私たちの社会関係の推移を示す情報源となっています。

　わたしたちの習慣を理解している携帯電話は、手動の操作はいっさいなしに、予定を推測したり、活動を提案したり、リマインダーを表示したりします。また、さまざまなシチュエーションに適応するために作動モードを変えることもできます。たとえば、映画館に入ると自動的に呼び出し音を切り、映画が終わったら再びつけるといったことです。あなたの習慣をさらに良く知る電話なら、同じ趣味嗜好を持つ人々が集うバーに行くことを勧めたり、ディナーにどこか新しい所にでも行こうかと思う前に新しいレストランを紹介してくれたりするでしょう。

　携帯電話のデータはまた、人々がいつ、どこへ移動するかの情報を提供してくれます。こうした情報は、マラリアやインフルエンザなどの伝染病の拡散予測のモデルを作る際には重要になります。さらに、昨今の研究者が気づき始めたように、適切なセンサーやソフトウェアを取りつけた電話で記録した動作や会話の変化は、他の医学的テストよりも早く鬱病[*2]やパーキンソン氏病[*3]といった病気の兆候を示すことができます。これらはリアリティ・マイニングの可能性を示すいくつかの初期段階の例にすぎませんが、要はいかに個人データを使って生活をより便利に、より健康的にするかということに尽きます。

私たちを追跡しているのは携帯電話だけではありません。パソコン（PC）の利用をモニターするソフトウェアも増え続けています。研究者の仮説によれば、ホームページやメールを読んだり書いたりするのに自分が費やす時間がわかればわかるほど、自分の日常的な生産性を微調整できると言います。もちろん、携帯電話が強力なコンピュータになるにつれて、電話のアプリケーションがどう使われているかを追跡するソフトウェアも開発されています。このような「見張る」ソフトウェアを、携帯のセンサーとカレンダーや連絡先リストのようなアプリケーションと組み合わせて使うことで、私たちの行動パターンを抽出する強力な方法を得ることができます。

携帯電話やPCに加えて、自分の健康状態や運動習慣を把握するために、一日中あるいは運動中や睡眠時などに特殊なセンサーを身につけることを厭わない人が増えています。グーグル・グラスは頭に装着するシステムであり、小さなスクリーン、カメラ、マイク、プロセッサーそして無線通信機がついています。常時ネットに接続し、写真やビデオを撮りながら自分の生活を簡単に記録する道具としてかなり注目を集めています。より平凡なものとして、目立たない歩数計や睡眠モニターも売れています。これらの装置やその機能を模倣する携帯電話のアプリケーションなどによって自分の身体がどのぐらい活発なのかがわかります。こうしたデータを見ることで、健康な生活を営む動機にもなります。もう一つの個人データを大量に蓄積している最近のトレンドは、自分がいま何をしているのかということを手軽に発信できるフェイスブックやツイッターのようなソーシャル・ネットワーキング・サービス（SNS）の人気です。ステータス・アップデート［直訳すると「近況報告」］と呼ばれる短いメッセージで、多くのユーザーが「いま何をしてる?」、「周りで何が起こっている?」、「いま何に興味を持っている?」といった質問に答えることで自分の生活のスナップショットを公開しています。このような情報の発信はある意味、社会学者の調査アンケートに答えるようなものでもあります。

一度公開されると、これらのステータス・アップデートはソーシャルネットワーク内でつながっている人々に直接送られますが、場合によっては、こうしたオンラインで公開されたプロフィールを見たいと思うすべての人にも送られてしまいます。一部の研究者は、カレンダーに登録されたイベントや位置情報などに基づいて、ステータス・アップデートの自動化を図っています。こうしたメッセージに潜む感情を統計的に理解しようとして、文章を分析するプログラムを書いているソフトウェア開発者もいます。そのようなプログラムの多くは、よりよく使われている言葉のサイズを拡大表示することで、その言葉の使用頻度を直感的に目視で確認できるようにするものです。こうして、時間に沿った自分の活動や気持ちの断片をながめることができるのです。

自分の個人データに魅了され、自分に関するあらゆる入手可能な情報を記録しようとする人が増えています。その主な情報源としては、携帯電話の通信、コンピュータの利用、生体センサー、ビデオによる記録、もしくは手作業で記録したデータなどが挙げられます。このような積極的な記録の作成とその定量化の文化はライフロギング［Life Logging、直訳すれば「生活の記録」］として知られています。ライフロギングはまだ大々的には普及していないですが、自分の習慣の全体をよりよく理解する手段として一部の人々によって取り入れられています。

ライフロギングに特に熱中しているのはライフロギング用のウェブサービスや技術を開発している技術者やデザイナーたちですが、今後グーグル・グラスやその他のライフロギングの道具が世に出て私たちの日常生活に溶け込むにつれて、このように生活を記録する作業は一般人にとっても負担とならなくなるでしょう。場合によっては、社会的な抵抗を乗り越えて、技術に明るくない人々にも受け入れられる可能性があります。

この章では、私たちの携帯電話との日常的な暗黙のやりとりから、ステータス・アップデートのような意図的な情報発信まで、個人データがいかに収集され、記録されるかを考察します。さらに、個人、事業者、大企業などがデータの収集と分析を行う際に考えるべきプライバシーへの配慮や、現在実際に用いられているプライバシーへのアプローチもあわせて見ていきます。

I. あなたの携帯電話が知っていること

2004年秋、マサチューセッツ工科大学（MIT）の学生100名にノキア6600という携帯電話が配られました。その電話には基地局ID、アプリケーションの使用状態、電話機がアイドル状態［特に使われていない状態］か充電中かというステータスなどを探知する「コンテキスト・フォン[*4]（ContextPhone）」のカスタムバージョンが内蔵されていました。そして、9カ月の間、このMITのプロジェクトによって30万時間ものユーザーの利用データが記録されました。[*5]

すべての参加者が電話機の記録ソフトウェアの機能を知らされたうえ、その電話機がどのようなデータを収集しているかを理解した旨の同意書[*6]に署名するよう求められていました。彼らはいつでも記録されたデータを抹消し、記録機能を停止させることができました。追加のプライバシー保護の措置として、この研究に関係のない人々の電話番号はMDという一方向のハッシュ化［元の文字列が判別できないように暗号化する技術］によって固有のIDに変換され、元の番号がわからないようにしました。

このノキア6600はつまるところ、参加者がほぼ常時身につけているセンサーの集合体でした。長い間、大学や企業の研究者たちは、人の居場所、他人との近接の度合い、物理的な動き、果てはその場所の環境音の断片などのデータを拾うために、オフィスや室内の適切な場所に取りつけられたセンサーなどを使っていました。[*7] また、仕事場での協働形態やビジネス会議での人々のつながりを研究するプロジェクトでは、RFID（赤外線または電波認識）発信機能や他のバッジを認識するセンサーつきのスマートバッジも使われてきました。[*8] 各種センサーや回路基板を詰め込んだバックパックを背負っていた昔と比べれば、このようなスマートバッジやセンサーは大きな進歩だと言えますが、それでもまだ面倒であることに変わりありません。

人間にセンサーを取りつける方法はとても多くのコンピュータ科学の論文でさまざまに研究されてきましたが、このノキア6600によるリアリティ・マイニングのプロジェクトがユニークだったのは、人々の居場所や交流関係、そして習慣などを計量しながら追跡できることを初めて示したことにあります。このプロジェクトの当時、ノキア6600に内蔵されたようなスパイウェア［端末の利用形態を記録するソフトウェア］を実行できる電話機は市場に何千万と出回っていました。このプロジェクトは携帯電話がユビキタス・コンピューティング［いつでもどこでも使えるコンピュータの概念を指す言葉］のための便利で計量可能なツールであり、今までより多くの行動データを集める方法であるということを証明しました。携帯電話で収集されたデータは、ほとんどの社会学者が使うアンケート方式で得られた参加者の行動に関する情報よりもはるかに密度が高く、かつ正確です。

このプロジェクトでノキア６６００が選ばれたのは、同機が通話や充電、アイドル状態といった電話機の状態を記録するコンテキスト（Context）という、ヘルシンキ大学で開発されたソフトウェアのカスタム版を実行できるシンビアン・シリーズ60のソフトウェア・プラットフォームを使っていたからでした。同機には6メガバイトの内部メモリーがあったほか、32メガバイトの容量を持つ「マルチメディアカード」フラッシュ・メモリーカードにも対応していました。これらの電話機はＳＩＭロックを解除されており、ティーモバイル（T-Mobile）、ＡＴ＆Ｔやシンギュラー（Cingular）（この実験以降ＡＴ＆Ｔに買収されました）などＧＳＭ方式［Global System for Mobile Communications。無線通信方式の一つで、欧米やアジアを中心に１００カ国以上で利用されている携帯電話用回線の事実上の世界標準］のどの携帯電話サービス業者でも使えるようになっていました。ほかにもＧＰＲＳ［General Packet Radio Service。ＧＳＭ方式の携帯電話網を使った第２・５世代（２・５Ｇ）のデータ伝送技術］のデータネットワーク、Bluetooth、メモリーカード、赤外線ポートなどを通じてカスタム・アプリケーションも追加できました。

この電話機は継続的に近辺にあるBluetooth装置をスキャンし、記録できました。Bluetoothはエリクソン社が１９９４年に開発し、１９９８年に発売したもので、シリアルケーブルに代わるさまざまな装置をつなぐ2・４から2・４８ギガヘルツまでをカバーする無線プロトコルです。各Bluetooth装置は「装置探知」、つまり5～10メートルの範囲内の他のBluetooth装置［正確にはMedia Access Controlアドレス］（ＢＴＩＤ）を探し出すことができます。

このプロジェクトではブルーアウェア（BlueAware）と呼ばれるソフトウェア［携帯電話用MIDP2-Java］のカス

タム版を使って、見つけた近くのBluetooth装置をサーバー上の近接ログに記録し、タイムスタンプ［記録されたときの正確な時間］を付与します。しかし、ブルーアウェアで近くのBluetooth装置を継続的にスキャンして記録し続けると電話機のバッテリーは18時間しかもたなかったので、標準ソフトウェアを改造し、5分間隔で周囲をスキャンすることによって電話機の待機時間は36時間まで伸びました。携帯電話などバッテリーを使用する装置の場合、センサーの電力需要や常時スキャンに代わりうる方法を検討するのが肝要です。

ブルーアウェアの変形版としてブルーダー（Bluedar）がありますが、これは調査の参加者が社交目的に集まる場所に取りつけられる装置で作動するものです。ブルーダーは継続的に探知可能な周囲のBluetooth装置をスキャンし、８０２・１１ｂの無線ネットワークを通じてサーバーに転送します。これらの装置の中心に、クラス2のBluetoothチップセットをつけたBluetoothビーコンがあり、それはXPortウェブサーバーで制御され、25メートル範囲内のBluetooth装置を探知できるものでした。

Bluetoothを用いた周辺機器のスキャンに加えて、ノキア６６００は常時、電話基地局のＩＤを記録していました。基地局ＩＤとユーザーの位置とを関連づける研究はそれまでもかなり行われてきました。[*9] しかし、電話機は何キロも離れた基地局を探知することもあり、都心部ではいくつもの基地局の範囲内にあることもあるため、基地局から正確な位置情報を得るのは難しかったのです。

この調査では、ユーザーが一個所に長く［正確には基地局の確率密度関数の近似を提供するに十分な時間］とどまった場合、比較的高い精度で位置を割り出すことができました。ある特定の場所にある電話機は、信号の強さやネットワーク通信量といった変数にもよりますが、異なった時間に異なった基地局に接続することがあります。このため、時間が経つにつれて、各電話機はいくつもの異なった基地局を参照することになり、位置のわずかな変化でも探知した基地局の分布が大きく変わることがあります。また、位置測定の精度を上げるために、基地局IDとデスクトップコンピュータのような定位置のBluetooth装置とを掛け合わせることも可能です。

もちろん、今日の携帯電話はこのほかにもいくつもの直接的な方法でユーザーの位置を記録しています。多くのスマートフォンはGPSチップを内蔵しているほか、グーグルやスカイフック(Skyhook)のような企業は、三角測量法を用いて、Wi-Fi基地局の信号、携帯電話の基地局そしてGPS(室内では正確さが下がる)から電話機の位置を割り出しています。しかし簡易な電話機の場合は、やはり基地局IDを用いた方法が位置を記録する最も簡単かつ安価で、しかもさりげないものだと言えます。

MITのノキア6600実験の初期には、収集されたデータは電話機の限られた内部メモリーに蓄積されていたため、そのデータを頻繁に研究者のために書き出す必要がありました。このプロセスは約5分間かかり、その間に研究者は更新されたソフトウェアをインストールすることができました。しかし、一カ月分のデータは約5~10メガバイトあったので、その一部を電話機の外づけフラッシュ・メモリーカードに収容したほうが効率が良い場合もありました。フラッシュカードへより効率よく書き込むプログラムの修正のために、データ収集は数カ月延期されました。

さらに、一部の参加者は後に、代理サーバーへデータをメールで送信するのにT-Mobileのインターネットサービスを用いました。

最終的に、実験参加者は、携帯電話の用途、日常的な行動パターン、MITに対する満足度、交友関係、仕事のグループなどについてのアンケートに回答しました。さらに、最後の質問は実験参加者全員のリストを見せて、参加者同士の交流の度合いや、リストの人々が回答者の友人の輪に入っているかを訊ねるものでした。これらの調査は電話機からの第一次データセットを補完し、データ分析を視野に入れたものでした。

この100人規模の実験から得られた成果は心強いものがありました。アイゲンビヘイビア［eigenbehavior、直訳すると「固有行動」］という計算ツールを用いると、一日の始まりの一人の人間の位置、他の人間との距離、通話記録そして電話機の使用状態などから、その日が終わる頃の行動がいくつかのパターンに限定できることをこの実験結果が示しました。[*10] たとえば、ある人が土曜日の朝10時に目を覚ましたとすれば、彼がその日の夕方には誰とどこにいるだろうかということを驚くほどの正確さで予測することが可能でした。

さらに、通信データや近接データを分析すれば、対象者がMITの一年生か大学院生か、もしくは教授なのかといった社会関係上の地位を判別できました。こうした成果を応用する手法については次の章で検討します。

このMITの実験が行われて以来、携帯電話センサーを用いるプロジェクトはさまざまな大学や企業の研究所で実施されており、2003年のこのプロジェクトが採用したデータ収集方式のバリエーションもいくつか生まれました。一例として、２００９年のダートマス大学のホン・ルーらによるサウンドセンス（Soundsense）というプロジェクトでは、環境音を拾うソフトウェアがiPhoneにインストールされ、それによって省エネかつプライバシーに配慮した方法で状況認識を探ることが可能になりました。[＊11] このソフトウェアは、いくつかの音声的特徴からユーザーが重要な会議に参加しているかどうかを察知し、一定の人からの着信を直接ボイスメールに誘導し、その他の人からの電話なら無視することができるという仮説に基づいていました。

携帯電話の利用形態を追跡し、かつ一般的にアクセスできる有名な例としては、ファンフ（Funf）というＭＩＴのメディアラボから生まれたオープン・センシング・フレームワーク［誰でも利用可能にオープンに仕様が公開されている技術方式］が挙げられます。ファンフは携帯電話の中に暗号化されて記録されたＧＰＳ、位置、加速度計、通話記録、実行アプリケーション、画面やバッテリーの状態といったさまざまな情報源からデータを収集します。ファンフというフレームワークによってどのプログラマーでも自分の必要に応じたソフトウェアを開発できます。そのほかにもファンフジャーナル（Funf Journal）というAndroid携帯にインストールされたアプリケーションによって、電話機のさまざまな情報源からのデータを暗号化してユーザーのデータを保護した状態で記録できます。ファンフジャーナルを使えば、個人的なデータをコンピュータにダウンロードしたり、分析目的で外部サーバーにアップロードすることも可能です。[＊12]

ファンフ以外にも、個人用のソフトウェアを自ら開発する手段を持っていない人のためのデータ収集用の道具の一部として、市販のスパイウェア・アプリケーションが多数存在しています。

とりわけ、コンピュータを用いた作業の生産性を、どのホームページに、またはどのアプリケーションにどれだけの時間を費やしたかをモニターすることで測定するソフトウェアは一つの家内工業ジャンルにさえなっています。

Ⅱ. あなたの習慣を見張るソフトウェア

ＭＩＴのリアリティ・マイニング・プロジェクトは個人情報収集のために携帯電話を使った研究の具体例を示しています。このプロジェクトで使われたツールの一つは、通話中や充電中や電源を切っているときなど、携帯電話の状態を追跡するためにヘルシンキ大学が開発した特別なソフトウェアです。このソフトウェアは一般人には入手しにくいかもしれませんが、電話機の使用状態を記録できる他のソフトウェアのオプションもあります。場合によっては、ＧＰＳデータを記録するソフトウェアもありますので、位置データを得るのにいちいち通信サービス業者を通したり、Wi-Fi信号の三角測量を行ったりする必要を省けます。

ネット上を少し探せば、iPhone、ブラックベリー（Blackberry）、Android、ウインドウズモバイル（Windows Mobile）やシンビアン（Symbian）ＯＳの携帯電話などにインストールできるソフトウェアを売っているサイトはたくさん見つかります。[*13] これらのソフトウェアの対象ユーザーは、10代の子供の電話使用や素行を心配する親、会社支給の電話機の従業員による使用状態をチェックしたい経営者、果ては配偶者の浮気を押さえたい人、などさまざまです。注意しなければならないのは、国や地方によっては個人の携帯電話からのデータ記録には異なった法規があり、合法的に行うためには、電話機の持ち主の同意や電話機の所有権あるいは契約が必要です。*14

追跡ソフトウェアは電話機にインストールされ、背景で実行し、電話機の活動を記録します。この記録はそれからサーバーに送られ、ウェブサイトでアクセスできるようになります。通話記録は着信番号、発信番号、通話時間ならびにタイムスタンプを含めて収集されます。文章によるメッセージは、電話機の記録が抹消されても、外部サーバーに保存できます。信号がある限り、GPS位置は記録できます。電話機にもよりますが、アクセスしたウェブサイトのURL（アドレス）も記録可能です。

個人PC向けの同様なスパイウェアも市販されています。このようなスパイウェアは主に、ユーザー自身の生産性の向上をはかるためにコンピュータの活動をモニターしたい人向けに販売されています。世界中の何百万もの人々は仕事時間中にコンピュータ上で、メール、チャット、ウェブブラウザ、ウェブページ、そして文章や画像やビデオを処理するアプリケーション（コンピュータに入っているほとんどすべてのソフトウェア）を使用しています。スライフ（Slife）、レスキュータイム（Rescue Time）、クロック（Klok）、スリムタイマー（Slim Timer）、そしてネスターソフト（Nestersoft Inc.）が出したワークタイム（Work Time）といったソフトウェアはシステムの前面で各アプリケーションが実行された時間を探知して、そのフィードバックをユーザーに提供するものです。

今日のソフトウェアはコンピュータにインストールされるか、ウェブサイトから実行されるかの2種類があります。場合によっては、ニュース閲覧など一部の活動をパブリックな情報としてタグづけすれば、これらの監視サービスから得られた情報をシェアできます。また、たとえば午前中の30分間だけメールチェックをするというように、あるアプリケーションに費やす時間の目標を設定することも可能です。目標の達成具合を可視化し、一つのアプリケーションにとどまり過ぎたときのリマインダーを設定することもできます。

ある装置を使う人に関する情報の自動記録に加え、携帯電話専用の調査ソフトウェアも成長株になりつつあります。２００９年秋、テクネオス（Techneos）社は、一般人、研究者、企業などが携帯電話用の調査を組み立てるソーダ（SODA）というシステムを発売しました。携帯電話は多くの人にとって身近なものであるだけに、他のオンライン調査と違って、携帯電話による調査はある個人を特定の時間や場所で絞り込めるだけではなく、電話調査のような煩雑さもありません。

ソーダは普通のアンケート設問への答えよりもはるかに多くの情報を引き出せるので、リアリティ・マイニングのためにデータを収集しようとする人には興味深いツールとなるでしょう。参加者が同意すれば位置データを含めることもできますし、設問に関連する写真を参加者が提供することもできます。このプラットフォームは、複数選択、スライダーを使ったスケール、自由入力の数値やテキスト、音声ファイル、画像ファイル、またはバーコード入力など、多くの設問の種類を用意しています。そのうえ、中国語、英語、フランス語、ポルトガル語、スペイン語、ドイツ語、ヒンディー語、日本語、タイ語など幅広い言語に対応できます。[*15]

Ⅲ．身体につけるバイオセンサー

ところで、コンピュータや電話機で記録された生産性、通信記録やアンケートなどは個人の日常生活の一部しか映し出さないものです。その空白を埋めえるものは、一日のさまざまな時間帯やさまざまな活動における生理的な変化に関する精密な情報を提供できるバイオセンサーです。このような情報を得るため、研究者や個人（多くは長期的に病気を患っている人）は特殊なシステムを使って、脈拍、血圧、皮膚伝導性などを計測する一方、場合によっては、症状、食事摂取、運動などを手動で記録したりもしています。

ボディメディア（BodyMedia）は、身体活動を計測し、健康目標のリマインダーを提供する各種装置やウェブ・サービスを提供する大手企業です。カーディオネット（CardioNet）は携帯可能な心電図（ＥＣＧ）システムを販売しています。また、人気が出ているものとして、フィットビット（FitBit）の歩数計、ナイキプラス（Nike+）の運動計測システム、ポラー（Polar）やガーミン（Garmin）のＧＰＳ時計、ウィジング（Withing）のWi-Fi接続の体重計などがあります（無線ヘッドバンドを用いてデータを近くの目覚まし時計や携帯電話に送る睡眠計測器であるゼオ・パーソナル・スリープ・コーチ［Zeo Personal Sleep Coach］も一時人気がありましたが、残念ながら会社は２０１３年に解散しました）。加えて、携帯電話付属の加速度計やＧＰＳセンサーなどを使う各種アプリケーションも生態情報を収集するうえで大きな役割を帯びるようになりました。表１・１に生態データを記録する市販の技術を示します。

睡眠計測器とほぼ同等の機能を持つ携帯電話アプリケーションも開発されていますが、その精度はさまざまです。アイスリープトラッカー（iSleepTracker）やスリープサイクル（Sleep Cycle）などはiPhoneの加速度計を使って、ベッドでの動きを計測するアプリケーションの一例です。同様に、Androidアプリケーションであるスマートアラーム（Smart Alarm）は睡眠の深さを測るものです。

これらのアプリケーションは寝ている人の動きを間接的に測る（ベッドにいる人数や動物の存在、マットレスの硬さなどにより結果が異なります）ため、その主な目的は最も浅い睡眠段階のときに睡眠者を起こすことによって、深い睡眠段階での覚醒に伴う疲労感の発生を回避することにあると思われます。

ナイキプラスはジョギング中に音楽を聴くためにすでに使われているiPhone、iPodやAndroid携帯などの装置を用いています。このアプリケーションは歩数を計測するのに、靴にとめたり、Nike製の特殊な靴に差し込んだりする歩数計を使い、この歩数計はデータを無線で携帯電話や音楽プレイヤーに伝送します。装置がユーザーのコンピュータにつながり、インターネットに同期すれば、このナイキプラスのデータはナイキ社のサイトにアップロードされ、そこでユーザーは自分の進み具合をチェックしたり、他のランナーとの競争も可能になります。このシステムの主な目的は、実際に走ったり、散歩したりしている人々が自らの運動量を計測するのを助けることです。

同じように、GPSを使うランキーパー（RunKeeper）、ランタスティック（Runtastic）やランメーター（Runmeter）は、GPS信号の強度がGPS衛星との相対的位置に直接左右される屋外での活動を計測する携帯電話アプリケーションです。プールでの水泳など室内活動の場合、ユーザーは手動で入力したうえで、トレッドミルのようなスポーツジムの機械にiPhoneを同期させて、運動量のアウトプットを取ることができます。他のすべてのシステムでは、進歩具合や目標達成度のチェックにオンラインのダッシュボード画面が使われています。

ランキーパーは、Wi-Fi起動の体重計を製造するウィジング社と協力して、ウィジング製の体

表1.1

市販のセンサー製品：用途、概要とインターフェース

製品	用途	概要	インターフェース
ボディメディアフィット(Body Media FIT)[ボディメディア(Body Media)社]	主に減量用に睡眠状態や消費カロリーを測る	動きを測る3軸加速度計を含むアームバンド、皮膚温度を測る温度計、水分を測る皮膚反応電流センサー、体熱を測る熱流センサー	アームバンドにつくLED表示；装置のデータを定期的にアップロードすることによって、詳細データはウェブサイトで閲覧できる
モバイル・カーディアック・アウトペイシエント・テレメトリー(Mobile Cardiac Outpatient Telemetry)［カーディオネット（CardioNet）社]	不整脈その他の問題を見つけるために心臓鼓動を計測する	小さいウェアラブルのECG器で、21日間まで24時間態勢ですべての心臓鼓動をチェックする	胸部につけたワイアーが電気信号を首から下げた小さな携帯装置に送る。異常が発生すると、モニターはデータを無線でセンターに送り、分析のうえに医師に伝えられる
フィットビットトラッカー（FitBit Tracker)[フィットビット(FitBit)社]	一定のタイプの低インパクトの身体活動および睡眠状態を計測する	ズボンやブラジャー（夜間ならリストバンド）につける小さく邪魔にならない歩数計。一度の充電で10日間使える	歩数計からのデータを自宅に置く親機が無線で会社のサーバーに送り、さらにこれらのデータをまとめるウェブサイトに転送される
ゼオ・パーソナル・スリープ・コーチ（Zeo Personal Sleep Coach）［ゼオ（Zeo, Inc）社 (2013年に会社解散)]	睡眠中の脳波や顔の筋肉を計測する	睡眠段階や状態に対応する電気信号を計測するヘッドバンド。データは無線で専用の目覚まし時計に送られ、最も浅い睡眠段階に睡眠者を優しく起こす	専用の目覚まし時計が睡眠情報を表示する一方、ウェブサービスが睡眠状態をさまざまなライフスタイル要素に関連づけようとする
アイスリープトラッカー(iSleep Tracker)［イノベイティブ・スリープ・ソリューションズ(Innovative Sleep Solutions LLC）社]	睡眠活動と状態睡眠の質を計測する	腕時計型装置が睡眠活動を計測する	ウェブサイトで分析と可視化（ヴィジュアライゼーション）を提供
HRS-I[ウィン・ヒューマンレコーダー（WIN Human Recorder）社]	不整脈その他の問題を見つけるために心臓鼓動および体温と運動を計測する	胸部に取りつける小さなセンサーパック（一回の充電で3～4日作動）	データは携帯電話やPCに転送され、オンラインでも見ることが可能
ガーミン・フォアランナー(Garmin Forerunner) 910XT GPS装置[ガーミン（Garmin）社]	陸上で時間、距離、高度、心拍、そして水中で泳ぐ距離、効率、ストローク数、プールの長さなどを記録する	身体の動きやGPS情報などのさまざまなモードを計測する腕時計型装置	データは無線で、分析とシェアのためにガーミンコネクト(Garminn Connect）というウェブサイトに送られる

重計で測ったデータが自動的にランキーパーのウェブサイトに記録されるようにしました。ランキーパーはこの情報を用いて、人がある距離を移動したスピードから燃やされるカロリーの概算を行うのです。

これらのアプリケーションと装置の一つ一つは、収集されたデータの転送方法についてユーザーにさまざまな自由度を与えています。場合によっては、アプリケーション内の分析は無料で提供され、より精密なオプションは有料で提供されます。ボディメディアの場合、研究者がアームバンドによって収集されたすべてのデータにアクセスするときには特別なライセンスを購入しなければなりません。研究調査に参加していない、個別のボディメディアの利用者がアームバンドのデータにアクセスする場合には同社のオンラインサービスに有料で加入し、大量の個人情報を基にしたさまざまな分析ツールが提供されます。これらの製品は身体に関するいまだかつてないほどの知見を生み出しますが、そのデータがどう収集され、どう活用されているか、そしてその所有権は会社にあるのか、顧客にあるのかなどについて、顧客は製品の利用規約を仔細に読むべきでしょう。第2章で、データの所有権に関する懸念についてさらに検討します。

Ⅳ. あなたは何をしていますか

多くの生体センサーや携帯電話アプリケーションには、医師やフィットネスデータが公開されているウェブサイトなどの第三者にメッセージを送る機能が付いています。要するに、人々は自分の健康状態のステータス・アップデートを提供しているのです。しかし最近、さまざまなステータス・アップデートは一般の人々にもかなり受け入れられるようになってきており、人々の習慣と活動に関する豊かな情報を提供しています。

個人の活動を追跡するいくつかのアプリケーションでは、ランニングやサイクリングのような活動が終わったときに自動的にツイッターやフェイスブック上のステータスをアップデートします。前出のダートマス大学のサウンドセンス(Sound Sense)プロジェクトは携帯電話のマイクを使って人の位置と活動を推測しますが、この情報はその人が喫茶店にいるのか、外を歩いているのか、歯を磨いているのかなどの簡単なステータス・アップデートに使用することができます。このソフトウェアは環境音の断片をキャッチし、プライバシーに配慮しつつ、機械学習技術を用いて、音楽や声などの一般の音を識別し、そのユーザー特有の新しい音を発見します。いずれにしても、特徴点を引き出すために生の音は事前に処理されます。元の音は保存されず、引き出された特徴だけではその元の音は再現できないようになっています。

V. ライフロギング：データの流れを捕える

個人に関するデータの収集方法は数えきれないほどあります。一方で、ソフトウェアから自動的にデータを記録するものから手動で記録するものまで、異なったタイプのデータを収集する統一した方法が存在しないことも事実です。しかし、自分自身に関して計量できる、生活の一部またはすべてのことを記録するための統一的方法を確立しようとする動きも増えています。

トレンドとしてのライフロギングは技術系の人々の間で人気があります。そうした人々の中には、データを記録するインターネットや携帯電話のアプリケーション、ビデオと画像を記録するウェアラブル式カメラのような特殊なハードウェア、食べたものの種類や感じたことなど広範囲の日常行動を記録するスプレッドシートのテンプレートなどを作った人もいます。ライフロギングは他のデータ収集方法が残した空白を埋め、個人を量的に表現する一貫性のあるフレームワークの中にすべてのデータを結合させようとするものです。

このタイプの仕事は無限の可能性を秘めています。すでに明らかな用途の一つとしてはライフロギングで自分の習慣を把握し、行動のわずかな修正がいかに生活全般に影響するかを観察することが挙げられますが、ほかにも広範囲にわたる可能性がたくさんあります。今日、たとえば心臓発作の長期的な兆候については誰にも良くわかっていません。しかし、自分の生活の多くの現象を自ら監視し、流行にしたがってパブリックな場所で公開する人が増えるにつれ、研究者が個々人に関する何カ月から何年間かのデータを振り返り、重大な医療事象の相関性や原因、潜在的兆候を見つけることができるかもしれません。

最も説得力があるライフロギング・プロジェクトの一つが、画像とビデオを自動的に記録するものです。2009年に、ヴィコン（Vicon）というモーションキャプチャー・システムを製作する会社がマイクロソフト社から技術ライセンスを取得し、一日中写真を自動的に撮るウェアラブル式カメラを販売しました。[*16] マイクロソフトのセンスカム（SenseCam）は広角レンズとさまざまな電子センサーで構成されますが、その電子センサーは、光の強度と色を測るセンサー、受動型赤外線（体温）の検出器、温度センサー、多軸の加速度計などによって構成されています。あらかじめ設定されたプログラムによって、センスカムは決まった間隔か、あるいはセンサーが捕捉した着用者や環境の変化によって写真を撮影します。[*17]

現在、グーグルはグラス（Glass）というライフロギング機器を売り込もうとしています。グラスはレンズなしの眼鏡のフレームの中にヘッドアップ・スクリーン［視界の上部に情報を提示する画像表示方式］、カメラ、マイク、プロセッサーと各種の無線機能を納めています。[*18] 内蔵カメラは音声による命令で写真やビデオを撮ることができます。スクリーンはネットワーク化されているので、他者から送られる文章メッセージの表示や地図上のナビゲーション機能なども行えます。グーグルはプログラマーたちにグラスを使ったゲームからニュース速報までさまざまなアプリケーションを自由に開発させています。かなりの注目を浴びたこの製品はまだ初期段階にあり、技術系以外の人々にどのぐらい人気が出るかはまだわかりませんが、ウェアラブル技術の草分け的存在であることは間違いないでしょう。

このほかにも、エクストリーム・アスリート用のゴープロ（GoPro）やコントゥール（Contour）といったウェアラブルなビデオカメラもあります。二つとも数種類の取りつけ具がついており、用途に応じてカメラをヘルメットまたは胸部に装着できるようになっています。もう一つ、ルクシー（Looxcie）というウェアラブル・ビデオカメラは耳に装着できるほど小さく、軽いものです。

ライフロギング関係のデバイス、システムとソフトウェアの集計をしているオンライン・ブログもいっぱいあります。そのいくつかについては、本章ですでに言及しました。ゴードン・ベルとジム・ゲンメルのトータル・リコール（Total Recall）とケヴィン・ケリーのザ・クォンティファイド・セルフ（The Quantified Self）は、ライフロギングを扱う人気ブログです。マイクロソフト社のゴードン・ベルは最も多産なライフロガーの一人として知られ、マイライフビッツ（MyLifeBits）というプロジェクトで何年間も個人データを収集しています。[*19] このプロジェクトはオンラインで見ることが可能で、写真、ビデオ、通話記録、個人的な手紙からグリーティングカードなどが分類され、検索できるようになっています。

自分の生活をログ（記録）するためには、ガイドつきでスタートしたほうが良いですし、[*20] 人によっては手始めに就寝や起床など生活の一部に集中し、データ記録作業がそれほど難しくない他の分野へと徐々に広げてゆくようにしています。単一の測定基準を扱うシステムとして、トラック・ユア・ハッピネス（Track Your Happiness）があります。[*21] ハーバード大学から生まれたこのプロジェクトでは、自動化されたメッセージが参加者の携帯電話に送られ、その中に、今は何をしているのか、そのことについてどのように感じているかなどを訊ねる短いアンケートへのリンクがあります。このような質問を日に数回答えた参加者には数週間後に、自分の答えを可視化した「幸福レポート（Happiness Report）」が提供されます。

ユア・フローイング・データ[*22]（your.flowing.data）というシステムでは、参加者はツイッターを使って直接メッセージをオンラインのデータベースに送り、自分が何をしているのかを報告します。記録の正確さをはかるために、「何かを読んでいる」か「何かを見ている」という既定のテンプレートにしたがってメッセージを書くことができます。このシステムはメッセージの日時を自動的に記録することでタイムスタンプの生成が可能なもので、活動の頻度もサイト上で可視化しています。

デイリーダイアリー＊23（DailyDiary）というサイトでは「今日はどんな一日でしたか？」「今日は何を食べましたか？」といった質問をメールで会員に送ります。会員は質問に答え、評価をもらい、他の会員がゴールに向かってどう進んでいるかを見るオンライン・コミュニティにも参加できます。

これらのツールは多くの生活情報をデジタルに記録し、整理できますが、ある重大な欠点をもっています。こうしたツールを使ったり、使い方を覚えるのは簡単ではないのです。ライフロギングは、データの手動入力に依存する限り、できるだけたくさんのデータを収集しようという目的に関しては、周縁的な活動にとどまるでしょう。ほとんどの人は、自分の生活の出来事を選択的、まばらにしか記録しませんから。

Ⅵ．結論

ますます多くの方法で自らの生活と習慣を自己追跡することができるようになり、さまざまなソフトウェアがこの追跡の多くを、利用者による入力もなしに、受動的に、密やかに行うようにもなりました。常時デバイスを動かしたり、データを入力したり、設定をいじったりといった必要を省かない限り、個人的なデータ収集は本格的に普及しないだろうという人もいれば、何をどこにどう保存するかを選択できるように自分の個人データ収集に常に意識的でいなければいけないという人もいます。

当分の間、この二つのアプローチを統合したものが個人データ収集の主流となるでしょう。自分に関する情報の公開に対する許容度には個人差があるので、それぞれの自己追跡サービスが取り得る最善のアプローチは、顧客が簡単に読んで理解できるプライバシー設定を幅広く提供することです。また、データ収集作業を専用の機器に任せて、自分は記録された過去のイベントやアイデアを振り返るために時々見にくるだけにしたいという人もいるでしょう。

以前にも増して、ソフトウェア開発者は人間の心理や社会的状況に気を配らなければなりません。彼らは、人々がどうして生活の中の特定の出来事や活動を記録したいかという動機と、記録を日常的な習慣にまで押し上げるさまざまな要因を理解しなければなりません。いかにして気味悪さや押しつけがましさを生まずに、受動的に記録されたデータを利用者に見せられるかということを理解しなければなりません。そして、生活のデータを計測するこれらのデバイスを、真に役に立ち、厄介ではないものとして制作する方法を学習しなければなりません。何よりも、ライフロギング機器の場合、このような技術の存在自体が社会的な力学を劇的に変えてしまえるものだと心得なければならないでしょう。それが友人であろうとなかろうと、グーグル・グラスを装着した人が自分の動きや言動を無許可でかつ無制限に記録できることを知った人々がどのように反応するのか、ということはまだ未知数です。次の章では、個人レベルのデータの特定の応用方法を紹介するとともに、本章で述べたプライバシーの観点からの懸念にも答えます。

第2章　生活をより便利で健康的にするための、プライバシーを尊重した個人データの活用

ある個人から生み出されたさまざまなデータの流れが集められても、それを使って何ができるのかという問題が残ります。この章では、健康的で楽しい生活が実現できるシステムの制作をめざすプロジェクトの紹介も交えながら、この問題へのさまざまな答えを提供します。この章で紹介されるプロジェクトの多くはまだ初期段階にあるもので、個人レベルでのデータマイニングの表面をなぞるものにすぎません。

とても興味深いデータ活用法の一つとして、個人データの分析からパーソナル・コーチのようなサービスを開発し、利用者が自らの行動を変えるように促すソフトウェアというものが考えられます。たとえば、会議での発言量のさじ加減とか、ある種のウェブサイトの閲覧時間を減らすとか、果ては禁煙についても優しくアドバイスしてくれることなどが考えられます。すでに、人々がより運動をし、意識的に健康的な食品を食べられるように、歩数計やカロリー計など市販のデバイスが健康関係の習慣に関するフィードバックを提供しています。これを一歩進めて、特定の

行動に仕向けるアドバイスを行えるようにすれば、人々が目標を実際に達成する割合が増えるでしょう。

何かの異常や潜在的危険、あるいは器物の損壊や窃盗などを知らせるシステムに個人データ解析を組み込むことも考えられます。安全目的で一人の人間の位置を探知したり、車が盗まれたかどうかを判断したりするようなシステムも構築することが可能です。

この章は個人レベルでのデータを使用するすべてのプロジェクトを網羅するものではありません。むしろ、研究者や企業がすでにプロジェクトを考えている、あるいは考え始めたかもしれないいくつかの分野を探査するものです。個人データの応用方法は毎日のように生まれており、長期にわたって生き残るものもあれば、短命で終わるものもあるでしょうが、その多くに共通しているのはデータを作り出した人々の利益になるようにそのデータを活用する傾向です。

どの応用方法でも、抽出された個人データに基づいて作られたプロジェクトや製品の影響がただちに個人のプライバシーに対して重要な問題を提起することは明らかです。誰、もしくはどのような組織が個人データにアクセスできるのでしょうか？　データの所有権はそれを作り出した人のものなのか、それともデータを記録し、整理する技術を提供する人のものなのでしょうか？今のところ、まだそのような基準はないとしか言いようがありません。

自動車保険会社は、顧客がどこで運転しているかに応じて、高い保険料を要求できるのでしょうか。すでに歩数計をつける人の多くは、活動的で医療コストがかからないとされているので、健康保険の割引対象になっています。それなら、健康保険会社は歩数の他の傾向も探ろうとするのでしょうか？　喫煙の習慣や社会関係はどうでしょうか？　すでにクレジット会社は、特定の店に出入りする人々の負債履歴に基づいて、同じ店で買い物をする顧客に高い利息を課しています。データにアクセスする企業がそのデータを提供する個人よりも利益を得るのは果たして公平なことでしょうか？

これらの疑問にはまだ答えがありませんが、この章では、個人データの収集に関わるいくつかのプライバシーポリシーの効果と、こうした効果が将来どのように管理されるのかを示すトレンドを検討します。加えて、自分が生み出した個人データを誰が見たり、使用したりするのかということをできるだけコントロールするにはどうすれば良いのか、という検討も行います。

I．悪い習慣を直す

悪い習慣を持つ人は、この習慣を触発する環境的な刺激について漠然とした、あるいは部分的な認識しか持ち合わせていないでしょう。しかし、もしも行動や場所、社会状況などをこの習慣とつなげる何らかの定量的なデータがあれば、この習慣を直せるかもしれません。まだ初期段階ですが、個人データを使って健康を改善する賢い方法の例として、どのような行動、場所や社会的な関わり合いが喫煙に結びつくのかを探る試みがあります。タバコの点火に導く要素がわかれば、喫煙状況を認識する携帯電話アプリケーションを作ることが可能となるでしょう。このようなアプリケーションは、たとえばタバコを吸うかわりにガムを噛むことを勧めるといったフィードバックも提供できるでしょう。このような喫煙関連の研究プロジェクトで開発された方法は、薬物乱用、リスクを伴う性行為、栄養、運動などほかの種類の行為にも当てはまるでしょう。

とりわけ、ネイサン・イーグルのチーム[*1]が進めるプロジェクトは、18歳から25歳のヤングアダルト（若年成人）喫煙者の研究をめざすものです。この層の喫煙者は時には月に一本しかタバコを吸いませんが、最近の研究によれば、このような低い喫煙率でも、時間が経つにつれてタバコに依存するようになることがわかってきました[*2]。若年成人の喫煙率は38％で、他のすべての年齢層より高く、研究対象としては特に興味深いのです[*3]。

時々しか喫煙しない人の半数が4年制大学を卒業した後もタバコを吸い続け、後の半数は卒業後喫煙をやめているとされています[*4]。このことは、大学でたまに喫煙する人にとっては、この時期が時々しか喫煙しない人を禁煙へと導ける重要な過渡期であることを示しています。そしてここで携帯電話を使った分析が有効になります。

禁煙への手助けに携帯電話を使うのは目新しいアイデアではありません。実際、既存の禁煙キャンペーンでもインターネットと携帯デバイスを使って、若者と若年成人にタバコに関する教育と治療知識を提供しています[*5]。しかし、イーグルのチームが取りかかろうとしているエコロジカル・モメンタリー・アセスメント（Ecological Momentary Assessment）というプロジェクトでは、携帯電話を使ってリアルタイムのデータを集め、友人との関係や交流がいかに喫煙習慣や禁煙する能力に影響するのかを測ろうとしています。このプロジェクトは、MITの当初のリアリティ・マイニング・プロジェクト（第1章参照）からの要素を組み入れており、携帯電話にスパイウェアを組み込み、簡単な調査を通してその人が自分の行動について随時答えるという形式になっています。

さまざまなセンサーが満載され、若年成人の間で普及している携帯電話は、喫煙行動を研究するプロジェクトには最適な道具です。このプロジェクトでは、一カ月最低一本のタバコを吸うニューヨーク市立大学の学生100名を集める予定です。彼らには、GPSによる移動状況、通話記録、Bluetoothを介した他人との接近状況などを自動的に記録し、アップロードするソフトウェアが支給されます。

センサーによる記録に加えて、参加者は携帯電話を通じて喫煙に導く社会的、環境的な状況、喫煙したい衝動、そして、その衝動への対処などに関するさまざまな質問にも答えます。通話記録は一人の人間の調査時の社会的ネットワークに関する情報を含むので、対象者の喫煙に影響する人々や状況の生態学的に有効な表現となります。この情報に基づいて、禁煙に向けた有効なサポートの案内を行うことも考えられます。

このプロジェクトの最終ゴールは、喫煙習慣に導く生活のさまざまな面を、生身の観察者よりも正確に分類する予測因子を浮き彫りにすることです。その手始めに、一人の人間の日ごと、週ごと、月ごとのルーチンの構造を認識するアルゴリズムを構築することが挙げられます。ルーチンと予測性を示すように人間の行動をマッピングするアイデアはいくつかの初期プロジェクトで示されていますが[*6]、携帯電話がこの構造の決定に用いられた場合、今までのどの方法よりも高い精度が得られます。

この調査は広範囲な結果を生み出すでしょう。実用面から見ると、臨床治療の観察データだけでは今まで見えていなかった社会関係に関する問題に答えうるでしょう。将来、喫煙をやめるのに最も役立つ社会的ネットワークのメンバー像を特定できるようになるでしょう。さらに、この調査から得た情報は現行の携帯電話が人々の生活に介入する方法の改善に使えるでしょう。たとえば、タバコが吸いたくなるシナリオを認識し、その誘惑に屈しないように促すアプリケーションが考えられます。

理論的研究の面では、このプロジェクトは、若年成人の喫煙習慣に影響すると長年思われてきた社会的、環境的、精神的といった諸々の決定要因の複雑な相互作用に光を当てることが期待されます。一例として、若年の喫煙者は他の喫煙者たちと自発的につきあうのか、あるいは、彼らは同じ時間を過ごす中でこの習慣を身につけたのかという議論があります。有効な介入方法を設計するためには、この二つのケースを区別することが大事になるでしょう。

最後に、携帯電話調査で用いられるこうした方法は、喫煙以外の習慣の研究にも幅広く適用できます。実際、さまざまな行動学的な問題の研究のために、同じような方法が他の研究者によって検討されています。アクセンチュア（Accenture）社の研究の一つで、技術者たちは会議や会話において人が喋る時間の長さをモニターするプロジェクトを発展させました。[*7] このシステムは発言者の携帯電話のマイクを使い、会話のデータを中央サーバーに蓄積します。その狙いは、自分ではなかなかモニターできない自分の会話のダイナミクスに自覚的になることです。しかし、より重要な点としては、このシステムは対象者が一定時間を超えた発言をしたときや一定時間沈黙を保ったときなどに応じて通知が電話に送られます。このようにリアルタイムの分析に応じたフィードバックを提示する方法は、人々の社交やビジネスのさまざまな状況をより効果的に助けるものとなるでしょう。

同じように、コンピュータ上の行動監視ソフトウェアは悪い習慣を変えるために使えるでしょう。第1章で述べたスライフ（Slife）、レスキュータイム（RescueTime）、クロック（Klok）、スリムタイマー（SlimTimer）、ワークタイム（WorkTime）などのソフトウェアはコンピュータ上のさまざまなアプリケーションに費やす時間を計測し、ユーザーにフィードバックするものです。これらのプログラムの一部はコンピュータの使用習慣を可視化し、どのアプリケーションをいつ、どう使うかのゴールを設定します。一部のプログラムには習慣を変える方法を見つけられるように行動を分析する機能がありますが、データを使えばさらにいろいろなことができます。ただ定期的に通知を送るよりも、たとえば従業員のグループがある種の作業において直接競争するようなソーシャルゲームも考えられます。こうした生産性のモニタリング・ツールなどは、生産性を向上させる革新的なツールを作る技術者が参入しうる最良の領域の一つです。

Ⅱ. 通常からかけ離れた状況

もうひとつ個人データの使用で考えられるのは、個人の行動が通常の基準を大きく越え、有害もしくは危険な領域に達するのを示すモニタリング・システムです。もちろん、行動を密接に観察し、異常を本人に知らせることは、プライバシーを大事にする多くの人の怒りを買いかねません。しかし、倫理的に用いることができれば、このようなシステムは、車の盗難の早期通知や介護患者の異常を介護福祉士に知らせるといったいくつものシナリオに役立つ可能性があります。

このようなシステムの鍵となるポイントは、対象者の居場所や社会的な交流に関するデータを集めて分析し、その人の固有行動や、第1章で述べた正常な振る舞いの幅を定めることです。

老人介護モニタリングの場合、対象者の固有行動に基づいて、その人間の行動空間をはるかに超えた出来事を探知することができます。行動空間とは、いくつかの相互依存の変数からなるその人の通常の行動の数学的表現です。ある人の行動空間の外で起きたことというのは、単にその人がやったことがない行動だけではありません。解析の結果、それまでのいかなる行動から考えてもあり得そうにないことなので、故意ではないか、もしくは潜在的危険の可能性が大きいと思われるものです。

たとえば、ある年配者が夜の11時にバスに乗って、それまでほとんど行ったこともなく、知り合いが誰もいない、またはどの知り合いも行かないような場所に行ってしまったとします。この人の行動を追跡し、その社会関係やカレンダーを把握している携帯電話や何らかのウェアラブル機器なら、この行動がその人の通常の行動空間を大きく逸脱していると判断できるはずです。このモニタリング・システムの設定により、年配者に直接通知を送って返事をするよう求めたり、保護者に通知を送ることもできるでしょう。

ゼネラル・エレクトリック（GE）やベンチャー企業など数社は、年配者モニタリングという拡大しつつある市場に足場を築こうと躍起になっています[*8]。多くの場合、こういうシステムは自宅の周りに設置されたセンサー群を使います。これらのセンサーは、たとえば料理を作っているというような行動をかなりの精度で察知できますが、その設置や維持は困難を伴い、費用がかさむケースもありますので、一部の企業またはこの分野全体にとっての制約となるでしょう。

　このような個人の固有行動に基づいたシステムは車載盗難防止装置にも使えます。ロージャック（LoJack）やゼネラルモーターズ（GM）のオンスター（OnStar）のような、盗まれた車の場所を特定するための車両位置を探知する無線装置はすでにいくつか出回っていますが、人間の固有行動に基づいたシステムはより能動的に介入できるものとなるでしょう。このようなシステムは、車が異常な時間に異常な場所で運転されているかを認識し、持ち主が車の所在を把握しているかどうか連絡できるでしょう。

Ⅲ．個人ビッグデータとビッグなプライバシーへの配慮

すべてのリアリティ・マイニングのアプリケーションは、理論の世界ではもちろん完璧に作動します。リアリティ・マイニング関連の各種の研究プロジェクトが順調に進行するのは、被験者がプロジェクトの趣旨を理解し、研究者たちが真面目で自分たちのデータの保全とプライバシーを保護してくれると信じるからです。彼らはまた、プロジェクトはいつかは終了するだろうと理解し、自分たちのデータが解析されることを自ら選び、そして大きな影響や損を引き起こさずにいつでも中止できることも知っています。

　しかしながら、研究プロジェクトから実社会への移行は簡単ではありません。サードパーティ［第三者企業。たとえばデータ解析サービスを提供するサービスが、別の企業のデータ記録サービスを利用している場合など］がデータ収集とフィードバックを提示する場合は、プライバ

シーはどのように保障されるのでしょうか？　興味深いことに、携帯電話の基本機能のおかげで、個人レベルのデータの収集はプライバシーに関しては最も処理しやすいものであると言えるかもしれません。クラウド［ここではインターネット上にデータを記録し、配信できるサービス全般を指す］や会社のサーバーにデータを収集し、保存する方法はいくらでもありますが、ほかにもデータ保存の方法があります。携帯電話なら内部にデータを保存する機能を持っています。携帯電話の処理能力や半導体の記録容量は二年ごとに倍増し、今日の小さな携帯機器であっても一昔前の大型の機器に匹敵する演算能力を誇るため、多くのリアリティ・マイニングの作業は携帯電話でも賄え、データをサーバーにアップロードしたり、誰かと共有したりする必要を省くことが可能になっています。そうは言っても、ほとんどのデータ解析者は、携帯電話のローカルのソフトウェアと外部サーバーのソフトウェアとを組み合わせたハイブリッドのアプローチをとっています。しかし、１９８６年に電子通信プライバシー法が制定されて以来、いくつかのケースにおいて、アメリカの司法や政府当局者は、捜索令状なしでも、召喚令状だけでサーバー上の個人データを調べることが可能になりました。ただし、パーソナルコンピュータに納められているデータを調べるにはやはり捜索令状が必要です[*9]。

　それでも、個人データ収集のオプションを消費者に提供している大多数の企業はハイブリッドのアプローチを選んでいます。収集され、外部サーバーに保存されているデータは、サービスの改良を目的とした解析の対象となっています。他のケースでは、特定の顧客をターゲットにした広告を検討する企業にとって、このようなデータ自体が大きな価値を帯びます。このため、自分の出したデータをコントロールする技術的機会が増えたにもかかわらず、消費者には実際にはそのような現実的な選択肢が与えられていない状況です。加えて、アプリケーションが常時バックグラウンドでネットワークとやりとりしているスマートフォンのような携帯電話や外部サーバー上のソフトウェアで行われているデータの保存と処理との違いを理解するのには、かなりの技術的知識が必要です。また、使っているさまざまなアプリケーションのそれぞれの利用規約を把握するのも著しい精神的負担となります。どのサービスが違う会社とデータを共有するのか？ どのサービスがデータの保存期限を設定しているのか？ 利用規約は更新されていて、どの範囲で更新されているのか？ サービスに不満があれば、データを他のアプリケーションに移せるのか？ といった疑問がつきまといます。

しかしながら、データ所有権のしっかりした条件を打ち立てられる分野が一つあるとすれば、それは個人レベルでのデータ収集の領域でしょう。したがって、データ所有権とプライバシーに関する新しいルールは企業、消費者、活動家グループ、立法府などによって書かれなければなりません。やはり、人をコントロールしたり、脅迫したり、強要したりするといった目的のために個人データの活用と解析が使われることは想像に難くありません。顧客の交友関係が喫煙を助長し、運動を怠らせることがわかれば、健康保険会社はその人の保険料を引き上げても良いのでしょうか？ 年配者が安全な場所に向かっていることが虐待を行う介護者に通知された場合、この技術は果たして誰の役に立つと言えるのでしょうか？ あなたにストーキングあるいはＤＶの疑いがかかっている場合、警察はあなたの居場所を追跡してよいのでしょうか？ 自動車保険会社は顧客の最も頻繁に使う経路に関するデータにアクセスし、その経路を変更させることができるのでしょうか？

過去数年間、地方政府が氾濫する個人センサーと公共センサーの影響に対処しようとする中、これらの問題はニュースを賑わしてきました。そのいくつかにはすでに答えが出始めました。その後、新しいタイプのデータ・プライバシーと所有権の検討がますます重要となってくると考えられる三つのアプリケーションを紹介します――健康・幸福への動機づけ、ドライブした分だけ支払う自動車保険（ペイ・アズ・ユー・ドライブ）、家庭内暴力と介護虐待の予防です。これらの三つの分野は、個人レベルのデータ収集を考える際に起こりうる問題点のいくつかを浮き彫りにするにすぎませんが、これらから検討を開始して他の分野にも広く適用できる解決法が導かれることも期待できるでしょう。

Ⅳ．保険節約のためのセルフ健康監視

健康に良くない習慣を持っているために経済的に罰せられるという考えは一般的ではありませんが、最も良く採用されているアプローチとしては、不健康な習慣でペナルティを科せられるよりは健康的な習慣を選ぶことで金銭的な報酬をもらえるという健康インセンティブ・プログラムがあります。実際、過去数年間に「健康インセンティブ管理」企業がどんどん増えています。これらの企業は雇用者と協力して、従業員が健康プログラムに参加し、積極的に生活スタイルを健康的に変えていくための動機づけを提供します。

バージン・ヘルス・マイルズ（Virgin Health Miles）、レッドブリック・ヘルス（RedBrick Health）、タ

ンジェリン・ウェルネス（Tangerine Wellness）といったこの産業の事業者は、最終的に雇用者の支出が減るよう、直接雇用者と協力して、従業員による健康保険請求の軽減に努めるものです。節約した経費で、雇用者は従業員をどう動機づけるかを考えます。それは保険の控除免責金額の削減であったり、保険料や自己負担額そのものの減額であったりします。

一般的に二通りのプログラムがあり、一つは禁煙プログラムのような健康に関係する講座への参加を奨励するもので、もう一つは一定の期限内にどれだけ減量したかといった特定の健康目標の達成を奨励するものです。[*10] どちらの場合とも、月々の健康保険料負担を百ドル以上減らすことが可能です。

歩数計や携帯電話に付属する加速度計、心拍数モニターなどのようなセンサー、またはオンラインでデータを記録してくれるサイトなどが、このような健康プログラムでますます大きな役割を担っています。プログラムによってはたとえば歩数計を用いて、従業員が参加する「チャレンジ」を実施します。このようなモニターを使って各自が健康目標値を設定する場合もあります。プログラムでの成績が良くなくても、金銭的ペナルティを受けるのではなく、「貯金」の機会を失うだけになります。プログラムへの参加は任意ですが、その人気は上昇しています。会社によっては80%もの参加率を達成したところも現れています。[*11]

これらのプログラムが近年参加率を上げてきた大きな理由の一つは、おそらく自発的な参加にして、金銭のやりとりを「ペナルティ」ではなく、「貯金」とした点にあるでしょう。2007年と2008年に、ブラック&デッカー（Black & Decker）やワールプール（Whirlpool）のような会社は喫煙した社員に罰金を科す実験を始めました。2008年では、ワールプールは年間500ドルのタバコ追徴金を回避するために嘘をついた社員を停職処分にしました。しかし、この処置を受けて、少なくとも一社（ザ・トリビューン社〔The Tribune. Co.〕）は喫煙ペナルティを廃止したので、鞭よりもニンジンを選ぶ会社が現れていることを示しています。*12

こうした健康プログラムが現れてすでに数十年経ちましたが、その数とその技術的な成熟度は今後も上がっていくでしょう。センサーは小型化し、値段も下がる一方ですが、特に重要なのは、いくつかの立法措置がこの産業をさらに前進させてきたことです。2010年春、バラク・オバマ大統領は、健康プログラムを提供する企業を増やし、従業員の参加率を上げ、プログラムをより能率良くフォローし、プログラム全体の効率を改善する方策を規定する法案に署名しました。*13確かに、このようなプログラムを採用したほとんどの企業に経済的な成果がもたらされています。アメリカ健康協会（WELCOA）によりますと、このようなプログラムに投資した1ドルは3ドル相当の健康保険の節約に変換されます。*14

しかし、従業員のプライバシーはどうなるのでしょう？　米国障害者法（ADA）の2008年の修正条項によりますと、雇用者が従業員の病歴を訊ねて良いのはその質問が「仕事に関連し、事業上の必要に一致した」場合のみとなります。*15しかしながら、雇用機会平等委員会（EEOC）が2002年に出した実施ガイドラインでは、雇用者は、質問が仕事に関係なく、事業上の必要に一致しなくても、従業員の健康プログラムの一部として自主的に病歴を報告させることができるとしています。また、1996年の「健康保険の移転と責任に関する法律」（HIPAA）とそれに関連する2006年の立法では、従業員の福祉プログラムの一部としての保険料、控除や自己負担の変更を雇用者に認めています。HIPAAの無差別条項は、同様な健康状態の人に異なった額を課することを禁じています。しかしながら、HIPAAのいくつかの規定およびその後にできた新しい規則がプログラムの自主性を定めたEEOCとADAのプライバシー規定にどう合致するのかは明白ではありません。[*16]

新たなチャレンジとして、基本的な公平性の問題があります。これらの初期の法律の最も重要な条件は、報酬は従業員それぞれの保険保障額のコストの20%を超えてはならないというものです。オバマ大統領が2010年にサインした法律はこのレートを30%に引き上げましたが、関係団体の意見では、このレートだと一般的に高所得労働者ほど健康的ではない低所得労働者に多大な負担を強いることになるではないのかとの懸念があります。[*17]

健康保険コストの上昇を抑えようと健康プログラムを導入する雇用者が増えるにつれ、上記の問題は今後注目されていくでしょう。そして、特定の行為と健康との因果関係を定めるセンサーやアルゴリズムの精度改善にしたがって、これらの問題はいっそう複雑化するでしょう。

V. センサーで運転

今日の新型車の多くはGPSその他のナビゲーション機器、外部カメラ（駐車やバックの補助のためのもの）、他の車との距離を知らせるセンサー、リモートロックやエンジンのリモート点火などを搭載しています。場合によっては、このようなシステムを使って警察が盗難車をすばやく発見し、遠隔操作でエンジンを切ることさえできます。

車のコンピュータ化が進むにつれて、車種によってはドライバーの運転習慣に対してさまざまなフィードバックを提供するセンサーが搭載されることも予想されるでしょう。実際に今日、運転をモニターするGPSベースの追跡システムをつけるのは簡単です[*18]。保険会社によっては、車内センサーを用いて、このようなシステムに自主的に参加するドライバーの安全運転の度合いを測り、それに合わせた保険料を決めています。

従来の自動車保険は過去の経験に基づいてドライバーに報酬を与えています。ドライバーは交通規則違反の数、年齢、運転する車の種類といったいくつかの基準で「安全」と認定されます。しかし最近では、実走行距離に連動する型の自動車保険（ペイ・アズ・ユー・ドライブ、Pay-as-you-drive＝PAYD）というオプションもあります。

ドライバーがある程度の安全運転歴を積むまで待つかわりに、PAYD方式はそのドライバーの運転習慣の継続したフィードバックを用います。その最も簡潔な形においては、PAYDシステムは車の走行距離計を使って、頻繁に運転しないドライバーの保険料を引き下げます。しかし、スピード、距離、運転時間帯、場合によってはGPS情報などを保険会社に送る車内センサーのほうがより多くのより正確なデータを提供できます。このようなシステムだと、スピード超過、長時間運転、犯罪多発地区での運転歴など多様な行動パターンに合わせて保険業者が料金を調整できます。

アメリカ国内では、プログレッシブ（Progressive）、リバティ・ミュチュアル（Liberty Mutual）、マイルメーター（MileMeter）やゼネラルモーターズ・アクセプタンス・コーポレーション（General Motors Acceptance Corporation =GMAC）など数社がＰＡＹＤシステムを導入しており、イギリス、カナダ、南アフリカと日本でも一部ＰＡＹＤオプションを可能にしたところがあります。アメリカ国内で30州がＰＡＹＤオプションを許可していますが、海外は需要がまだ少なく、普及は進んでいません。

カリフォルニア州は２００９年からＰＡＹＤ方式の保険を立法化しています。一部のドライバーの保険料を減額するほかにも、ＰＡＹＤはドライバーに運転量を減らすように仕向けられるので、温室効果ガスの排出量の減少にも貢献します。ＰＡＹＤ保険方式が全国的に30％導入されるだけで、走行距離の10％削減および10年間に５５００万トンもの二酸化炭素排出量の減少につながるとの推定もあります。

カリフォルニア州の法案の原案では、保険会社は顧客に車内電子モニタリング装置の装着を要求できるようになっていました。保険会社からすれば、ドライバー自身が簡単に調整できてしまう走行距離計に頼るよりもこのアプローチのほうが不正を減らすメリットがありました。しかし、電子時代の個人の権利や法律問題を主張する非営利団体電子フロンティア財団（エレクトロニック・フロンティア・ファウンデーション、Electronic Frontier Foundation）の圧力を受けて、議員たちは法案を見直し、走行距離計の数値と電子モニターの数値の両方を組み入れました。

このようなＰＡＹＤプログラムに関わる懸念は、保険会社が個人情報を他の団体や政府に販売したり、共有したりすることで、情報セキュリティ事故のリスクが生じることです。さらに、価格設定に疑問を抱いた場合、顧客はそれを監査することが難しいでしょう。たとえば、保険料を決めるのに、電子モニタリング・システムは運転スピード、走行した場所、運転時間、運転距離、運転頻度などの変数に頼ります。これらの変数を評価するアルゴリズムの詳細は企業の知的所有権によって隠蔽され、ドライバーが保険料額の正当性を調べるのを妨げる可能性があります。そして、数値だけがドライバーの安全運転の度合いのすべてを物語るとは限りません。時々スピード超過をするドライバーは実際、ゆっくりとしか運転しない戸惑いがちなドライバーより安全な場合もあります。

このため、進化した車載センサーやアルゴリズムは盗難車の早期発見や保険料の減額につながるとはいえ、プライバシーポリシーや立法処置を複雑にすることは明白であり、最終的には一部のドライバーの立場を弱めてしまうでしょう。

Ⅵ．監視者を監視する

ジョギングの経路、他愛のない雑念や子供の写真といった日々のデータをネット上に自発的に公開する人が年々増えています。このようにオンラインで公開する人は、自分の公開データが誰かに活用されることについて必ずしも意識的でいるわけではないにせよ、だいたいの場合においては自分のデータを公共の場から削除することができます。

年配者や精神的もしくは身体的障害がある人の場合、話はがらっと変わります。こうした人々は一般的に、自分の位置や行動をモニターするシステムの設置についてあまり選択の余地を持っていません。その結果、見守ってくれる人たちやそのモニタリング・システムを信用するしかありません。

　年配者や障害者を監視するということに基本的な倫理上の抵抗を感じる人もいます。ここで問題になるのは基本的な人間の尊厳です。[19] 介護者や医師がある人の監視を行うとき、その人の自主性は制限され、基本的人権が無視されがちになります。

　このような一般的な市民的自由への配慮のほかに、患者との接触において倫理上の一線を越えてしまう介護者の話も確かにあります。残念ながら、すべての介護者が要介護者を親切に見守っているとは限りません。アメリカ国内で、介護者による虐待や詐取は多発しています。[20] これを受けて、連邦議会では年配者に対する虐待を制限する条項のほかに、介護者の履歴審査を厳格化する法案を作っています。しかしながら、虐待者の90%が審査対象となる介護履歴を持たない、要介護者の親族だと推定されている状況では、より厳格な履歴審査が果たして役に立つかは定かではありません。[21]

　同時に、技術の進歩のおかげで、年配者も身障者も、遠隔介護のもとに、自立生活をより長く営めるようになりました。たとえば、ゼネラル・エレクトリック社の製品では、自立している年配者の活動を正確に、かつ密かにフォローするユビキタスな［生活環境の中に遍在的に取りつけられた］センサーを組み込んだ商品を発表しています。いまのところ、対象者があらかじめ定められた範囲から離れたときに介護者に通知するGPS形式の「ジオ・フェンス」のようなシンプルな追跡システムが一般的です。このデバイスはアルツハイマー病患者のために開発されたものですが、子供やティーンエイジャーにも使えます。[22]

保護者がi-TAGやその他の高度なセンサーシステムを悪用する可能性に、立法議員たちはもっと気づくべきです。虐待されている人が自宅から逃げ出そうとすると、保護者はすぐ知らされるでしょう。さらに、通話記録さえも機器やソフトウェアでモニターされる場合、虐待の被害者の逃げ道はさらに狭まるでしょう。

保護者による虐待の状況はいくつかの点で、もっと頻繁に起こっている家庭内暴力や見知らぬ人による電子ストーキングに似ています。秘密裏に誰かの車に追跡デバイスを取りつけるのは比較的簡単な作業です。ある家庭内暴力の被害者が、自分に対する暴力に加担し教唆した罪で、フォックストラックス・ヴィークル・トラッキング（Foxtrax Vehicle Tracking）社という自動車追跡装置のメーカーを訴えたこともあります。[23]

家庭内暴力に対する戦いの中で、警察当局もGPSを使った個人追跡を行っています。GPSを使って接近禁止命令を受けた人間を監視する州は増えていますが、[24] これはもともと児童に対する性犯罪の前科者の監視にも使われた手法です。[25]

Ⅶ．結論

個人データを使うアプリケーションはより生産的な生活を営み、運動量を増やしてタバコをやめるといったことに貢献します。それ自体は役に立つし興味深くもある動向ですが、このことには常にプライバシーという問題がつきまといます。研究者はこのようなアプリケーションがすでに何十年も存在している世界を思い描くために問わなければならない問題や、技術の進歩とともに必然的に起こる影響などに関する掘り下げた議論を呼びかけています。しかし、いつもそうですが、GPS型の携帯電話アプリケーションであっても、RFID型の料金記録であっても、新技術に関わるプライバシーの懸念や脆弱性などは、その技術が採用され、問題が発生し始めたときに初めて取りざたされるものです。

さまざまな懸念に対処する最も普及している方法は、プログラムや技術への参加（オプトイン）あるいは脱退（オプトアウト）の選択権を利用者に与えることです。しかし、完全に参加を止めることが不可能な場合もあります。したがって、さまざまなプライバシーのオプションを備えた、異なったデータ収集と解析のアプローチが必要となります。各プライバシー設定には、この設定に伴う結果の、明確で簡潔な説明がなければなりません。たとえば、携帯電話のアプリケーションに問われるままに現在位置を記録して使うことを許可する人は大勢いますが、これらのデータがどう使われ、どう共有されるのかを把握している人はほとんどいません。

気軽にフェイスブックに写真を載せたり、ツイッターで気持ちをつぶやいたりしたことがある人ならわかると思いますが、プライバシーに対する態度は常に移り変わります。私生活と公的生活との境界線は何年も前からぼやけてきており、これらのプライベートな写真と文章は、ウェブ・ブラウザや検索エンジンを使うすべての人の目に入ります。個人データを使う今後の新しい技術は、そのデータが公開されているかどうかにかかわらず、アプリケーションによる個人データの収集と利用に関する「摩擦」を減らすことに向けた社会的な合意（または少なくとも人々の精神的な疲労）

を基準にして発展していくでしょう。

現代は、個人がリアリティ・マイニングのアプローチを使って、データを良い習慣や健康状態へと変換し、節約することもできるという心躍る時代となっています。個人レベルのビッグデータに関わる概念が一般の人々にも広く行きわたり、重要視されるにつれて、データの所有権やデータ関連製品の合法性について、政策立案者、活動家、技術者などによるさまざまな議論が行われるでしょう。今こそ、ここまで見てきたようなデータ関連製品の影響を真剣に考えるべきです。これらの製品が正しく実装されれば、今後世に出る他の製品の手本にもなるでしょう。

II

近隣社会と組織（10人から1000人まで）のスケール

第3章　異質な小集団からのデータ収集

第1章で示したとおり、個人データを記録する廉価な方法はたくさんあり、それぞれ簡潔な方法で、自分のデータがどのように使われ、利益をもたらすのかということをおおよそコントロールできます。しかし、個人データを小さいグループ内で収集するとなると、たとえそのグループの参加者が共通の信念や目標を持っているとしても、その収集作業や妥当な動機づけは複雑化します。

個人的な解析のために個人データを収集するのが私的な領域に限定されていると感じられるのに対し、いくら小さなグループ内とはいえ、他人とその個人データを共有する場合はグループの参加者にさらしものになったような不安を抱かせることになりえます。次に私たちが見ていく自分のアイデンティティがデータに明示的にひもづけられる小グループ内のデータ収集の、スケールは、データから個人を特定する情報が取り払われて匿名性が付与される大グループ（通常1万人以上）内のデータ収集とはかなり異なります。

企業や近隣社会のような特殊な用途を考えた場合、さらなる課題が現れます。上司や権威を持つ人が詳細なパーソナル情報にアクセスできることは反射的に嫌がられるものです。同様に、近隣レベルでのデータ収集も困難を伴います。都市計画関係者、政治家、地域活動家など近隣の個人データを使う人間が必ずしも地域内の全員の支持を得られるとは限らず、結果的に穴の多い自発的参加に終始してしまいがちです。

したがって、この規模のデータ収集の大部分は、参加者が自発的にデータを共有することに同意した研究プロジェクトに限られてしまいます。このため、このようなプロジェクトはある程度の均質性を持ち、同じ特徴や行動パターンが共有される傾向にある大学キャンパスの中で行われることが多いです。第1章で述べた2003年のオリジナルのリアリティ・マイニング調査も、参加者100名の全員がMITの学生でした。

商業ベースでも、小グループの人々から行動データを収集する方法を探る試みがいくつかありましたが、このようなアプローチはあまり本格的になりません。その一例として、会議用のスマートバッジがあり、RFIDや赤外線センサーを使って、会議参加者のコミュニケーション・パターンから参加者の社会的ネットワークを識別するものがあります。このようなバッジは、連絡情報の交換や各部会への出席度合いの把握には便利です。スマートバッジ自体は何年も前からあるものですが、コスト、信頼性、使い勝手などの理由で、いまだに普及していません。

職場では、各自が作成した資料、閲覧したウェブサイト、送信したメールなど、従業員が生み出すデータを蓄積したり分析したりするソフトウェアが数多く存在しています。「知識管理システム（knowledge management system）」と呼ばれるこのようなソフトウェア・ツールは、組織内の情報や知識への簡単なアクセスを可能にすることによって、従業員の作業効率や相互の協力とコミュニケーションを改善することを目的としています。それでも、知識管理システムは各社の技術的または文化的な「社風」にしっかり組み込むのが難しいため、それほど成功していません。システムに「知識」を取り入れることはよくありますが、それはあくまである特定のプロジェクトに役立つとわかったときです。また、知識管理ツールは維持コストが高く、タイムリーに規模を拡大することが難しいという面があります。

ほかにも、カードキースキャナーの監視、仕事関連の通話記録の解析（言葉、声、頻度など）、職場内の移動を探知するセンサーなど、職場のモニタリング方式はさまざまですが、ほとんどの通話がモニターされているコールセンターを除いて、あまり導入されていないのが現状です。その理由は明白です。従業員の反感を買ったり、裁判を起こされたりするリスクを冒してまで、効果が立証されてもいない方法で職場の効率を改善しようと思う会社はそれほどありません。

会社や職場のほかにも、研究者は近隣レベルでのデータ収集を行う興味深い理由をいくつも見つけています。大学のキャンパスやその周辺でのプロジェクトは、市民の参加を促しながら、大気汚染、ゴミ、道路の状況や通勤通学の経路といったさまざまな側面から環境問題を探っています。その多くの場合に携帯電話やセンサーを使った「普通」のデータ収集が行われていますが、最大のチャレンジはむしろプロジェクトの範囲をいかに学術分野の外へと発展させていくかということにあります。学術分野から拡大させるために重要となると考えられる要素の一つとしては、最も妥当な動機づけを参加者に提供することでしょう。そのことによって人々は、自分の個人データを小グループ内で共有することと引き換えに何らかの利益を得られるという情報に基づいた判断を下せるようになるのです。

おそらく最も明白な動機づけとして、個人データと引き換えに、データ通信と音声通信サービスつきのスマートフォンを提供することが挙げられるでしょう。数年前、インテグレーテッド・メディア・メジャメント（Integrated Media Measurement, Inc.＝ＩＭＭＩ）という会社は、スマートフォンと引き換えに、生活内の音声の断片を会社と共有してもらうことに対して多くの人々の同意を得ることができました。同社の目的は、その音声サンプルから当事者がラジオ、テレビ、映画などどのようなメディアコンテンツを消費しているかを探ることにありました。ニールセンのメディア調査システムのように、この情報は特定のメディアコンテンツの人気度を測るのに使うことができます。注目すべき点は、この技術では個人的な会話や生データまで記録したり、保存したりはしないことです。それでも、一般的な被験者からの音声データ収集の必然的な副産物として、プロジェクトへの参加同意書にサインしていない人からの音声収集は許されないため、このようなプロジェクトが大学の倫理委員会などで承認されるのは非常に難しいと言えるでしょう。[*1]

この章では、複数人のグループから非匿名的にデータを収集しようとする研究者や企業が直面する技術的、法的、そして社会的チャレンジを検討します。あるアプローチが失敗した領域に成功したアプローチもあるのはなぜか。この規模のリアリティ・マイニングではどのような機会が開かれるのでしょうか。

Ⅰ．会議でのコネクション

会議やイベントは個人情報収集の豊富な土壌です。会議に登録するときに、参加者はいくつもの社会属性を表す情報を提供して、参加中には社交コネクションの数や質を最適化したいと思うのが普通です。他人とのやりとりを追跡し、少なくとも連絡先の電子リストを提供するスマートバッジは、伝統的な握手と名刺交換よりも便利な方法だと言えるでしょう。

デザインと機能においても、データの収集や記録方法においても、会議用スマートバッジにはさまざまなものがあります。最も基本的なものにはＲＦＩＤチップが組み込まれています。このチップにはいくつかの識別情報が入っており、近接距離か数メートルの距離で専用のリーダー［読み取り用装置］で読み取れます。多くの場合、ＲＦＩＤチップつき会議用バッジは異なる部会の参加率や食事の利用などを追跡するものです。しかし他のケースでは、参加者の移動状況や、会場内の売店に取りつけられる各種のリーダーへの接近状況を追跡するのに使われます。これらのバッジは識別情報を電子ＲＦＩＤリーダーに転送し、そこからデータはさらにアプリケーションや外部サーバーに送られて分析されます。

このようなＲＦＩＤ式バッジは外観が従来のバッジに良く似ており、同じぐらい軽量ですが、価格がまだネックとなっています。この一〇年間でＲＦＩＤチップの製造コストは下がったとはいえ、スマートバッジはまだ従来の単純なバッジよりも高価です。ＲＦＩＤバッジはマイクロソフトやＩＢＭで試験的に会議に使われた[*2]ほか、アライアンス・テック（Alliance Tech）やコンベンション・ストラテジー（Convention Strategy）など数社が商品化しています。商品化されたバッジは、特定の展示やブースを見た時間を追跡したり、特定のプロフィールを持つ参加者（特定の職種や特定の会社に所属しているなど）がリーダーの範囲内に入ってきたときに、そのブースにいる人々にメールやメッセージを送信することなどができます。

このようなバッジの主な問題は、プライバシー管理が弱いことです。このようなバッジをつけてしまうと、アルミホイルのような導電体で物理的に遮断しない限り、自分のデータは常時ＲＦＩＤリーダーから「見えて」しまいます。どのデータをどのＲＦＩＤリーダーに見せるかを選択できないため、バッジをつけた人は自分でコントロールができず、結局はバッジをはずすというシナリオにつながってしまいます。この点は、スマートバッジが今後普及するうえでのハードルとなるでしょう。

スマートバッジ系の機器の別の系統として、複数のセンサーとＲＦＩＤを使って、連絡先の共有やバッジ間の交流を可能にした電子バッジがあります。この系統のバッジはシンプルなインターフェースとともに、データを閲覧したり、機器の上で簡単なアンケートに答えたりすることのできるディスプレイやボタンがついています。

単なるＲＦＩＤ式バッジと比べて、このような双方向性は送りたい情報を利用者が自ら選択できるため、コントロール感が増し、データ共有への精神的な抵抗も減らせるので、大きな利点となります。ＭＩＴのリアリティ・マイニング実験でも、参加者には、自分の行動データを携帯電話に収集されたくないときに、いつでも「ステルスになる」オプションが与えられていました。このステルス・モードのオプションによって、学内外の交友関係を含む個人データを収集される懸念を解消することができました。参加者たちは自分のデータをコントロールできる満足感を報告しましたが、実験の期間中、実際にステルス・モードを起動させた人はわずかでした。

その複雑さゆえに、センサーが満載された電子バッジはＲＦＩＤ式バッジより高価で、普及への主な妨げとなっています。そのうえ、さらに重いので、会議期間中の数日間、毎日ぶらさげておくのには向いていないかもしれません。

この分野で突出している会社はＭＩＴから派生したエヌタグ（nTag）です。２００９年３月に、アライアンス・テックはエヌタグを買収し、スタッフを充実させ、今ではnTag技術の独占販売をしています。[*3] nTagバッジはとりわけ、着用者に他者との会話、デジタル名刺の交換のほかにも、スタッフや講演者、そして参加者などとの簡単なコミュニケーションを促すことができました。ＲＦＩＤ式バッジと同様、nTagバッジによって会議の主催者は各部会の参加率やブースの訪問数などをモニターできます。

しかしながら、こうしたバッジが提供する機能の多くを組み込んでいるスマートフォンが普及している時代に、スマートバッジの製造会社にどのような前途が待ち受けているかは不明瞭です。可能な経営判断の一つとしては、会議参加者が自分の使っている携帯情報機器でnTagバッジのような機能を再現できるように、主なスマートフォンのＯＳ［基本ソフトウェア］向けのアプリケーションを開発することが考えられるでしょう。

Ⅱ．従業員を見守る

オラクルやＩＢＭのように、データ収集ソフトウェアで知られている会社は、従業員が生み出すテラバイト級［およそ一兆バイト。１バイトはアルファベット文字１文字分のデータ量］のデータを解析する技術を何年も前から開発しています。

知識管理と呼ばれるこのような「収集」の第一目標は、取り引きのスリム化、有効なマーケティング戦略の開発、不正の探知、売り上げの最適化、そして法律事務所が訴訟案件を準備するのに使うeDiscoveryと呼ばれる情報の捕捉などが挙げられます［eDiscoveryは日本語では電子情報開示、電子証拠開示とも訳される、２００６年12月から開始された米国の法制度。裁判の際には電子情報も保存し、証拠として提出することを義務づけている］。最終的なゴールは、従業員の生産性と、可能であれば満足度も上げることによって、職場を改良することです。

この関連で注目されるのは、１９９７年創業で２００８年にオラクルの傘下に入ったタシット・ソフトウェア（Tacit Software）社です。同社は人々の興味や専門を探るために、メール、ブログやwikiなどを解析するソフトウェア（第４章で詳しく述べます）を開発しています。

ロッキード・マーティン（Lockheed Martin）、ノースロップ・グラマン（Northrop Grumman）、グラクソ・スミスクライン（GlaxoSmithKline）といった企業で使用されているこのソフトウェアは、大きな企業の中で働く人々の自己紹介を簡潔化することによって、緊急問題の解決の際に従業員同士の助け合いをスムーズにさせるものです。

また、デクラーラ（Declara）社は現在、「バーチャルなコンサルティングおよびコラボレーションのプラットフォーム」と呼ぶサービスを展開していますが、そのソフトウェアは、組織内の人々に行きわたるソーシャル・ネットワークを作り、それぞれが生み出すデータに基づいて、個々人が求める情報との最良のマッチングを見つけるものです。

タシット社もデクラーラ社も各自の技術を独占していますが、ほかにも廉価なオープンソースの選択肢があります。たとえば、オープンケーエム（OpenKM）というソフトウェアは主なOSすべてに対応しており、ファイルを内部ファイルシステムやオラクルもしくはマイエスキューエル（MySQL）のようなデータベース管理システムに保存できます。[*4] そのほかにも、コーン・オントロジー・アンド・セマンティック・ウェブ・インフラストラクチャー（KOAN Ontology and Semantic Web Infrastructure）、エクステカ（Exteca）、ヘイスタック（Haystack）やコワリ（Kowari）など、知識管理のさまざまな側面を取り扱うオープンソースのソフトウェア・ツールがたくさんあります。[*5]

従業員が生み出すデータは、従業員それぞれの専門や興味を表すほかにも、生産性の評価をも可能にします。数年前から、各社の人事部は、従業員が生み出すデータを使って作業効率を評価するようになりました。まだ新しい試みですが、これによって雇用者は従業員の生産性や社内ネットワークにおけるその役割と効率を査定できるようになりました。[*6]

カタフォラ（Cataphora）という会社では、もともと企業の不正を法的に証明するために開発した技術を活用して、従業員の犯罪行為を検知できるようにしました。このソフトウェアは、電子メール、添付ファイル、メッセージ、予定表など従業員のあらゆる電子的なやりとりをモニターするもので、通信パターンおよびそのパターンの例外（たとえば不正を示しうる、署名や会話の終了で使われる異常な用語の使用）を見分けるものです。[*7] このソフトウェアはまた従業員のグループや派閥を見つけ、どのグループが生産的に働き、どのグループがそうではないかのヒントを人事管理の専門家に提供するのです。このような企業レベルのソフトウェアのほか、同社は、従業員が自分の個人データが雇用者にどう解釈されるのかがわかる解説書とソフトウェアも提供しています。

オフィスワーカーの一日の大きな部分が電子通信に費やされるのは確かですが、注目すべき生産性と社交性の指標はほかにもあります。たとえば、電子ＩＤカードの記録から一日の移動状況を読み取ることができます。

さらに、テキストメッセージ、電話通話や通話記録などからも従業員の社会的ネットワークや行動を測ることができます。コールセンターが社員と顧客とのやりとりを最適化すべく通話をモニターしているのは良く知られています。これらのコールに対する顧客の感情を表す特徴を取り出すソフトウェアもあります。ヴェリント・システムズ（Verint Systems Inc.）では、言葉の分析に、メールやメッセージの文章、あるいはアンケートに対する回答などを組み込み、会社に対する顧客の体験をより完璧に把握しようとしています[*8]。

コールセンターを使う産業以外では雇用者が従業員の通話の音声モニターをすることはあまりありません。しかし、社内の交流ネットワークまたは社員個人やグループの生産性を把握するために、社員の会話の全記録は必ずしも必要ではありません。交流ネットワークの構成を把握するために、会話時の「間」の取り方や話す速度のような音声特徴の分析はすでに使われています[*9]。会話のすべてを記録せずにこのような分析を電話の通話にも広げれば、大きなメリットを得ながらもプライバシーに対する懸念を最小化できます。

雇用者、従業員ともにしっかりと保護する法律が確立されていないためもあって、この分野では合法性は当然の懸念です。すべての業務関連の電話通話を記録するのは合法ですが、だいたいの場合、このようなモニタリングは双方にあらかじめ通知されるべきです。私的であると認定される通話はモニターされるべきではありません。しかしながら、仕事中の個人通話を控えるように言われた従業員は、そのような通話がモニターされるというリスクを負わなければならないでしょう。*10

２０１０年6月、アメリカ最高裁は「オンタリオ市対クオン氏」（City of Ontario v. Quon, 130S. CT.2619,560U.S.）の案件について、業務関係を理由に、政府が警察官に支給するポケットベルのメッセージを調べることを合法とする判決を全判事一致で下しました。*11 この件は、市当局がポケットベルの使用量に応じた無線通信契約を変更するかどうかについて検討しようとクオン氏のメッセージ記録を取ってみたら、猥褻な内容が含まれていたため問題になったものです。*12 この判決は、公務員の電子通信への政府の介入に関連して、憲法修正条項第4条［アメリカの憲法修正第4条は「不合理な捜索、逮捕、押収の禁止」を規定する条項］を行使したものです。この判決は今後の政府対公務員のプライバシー問題には影響しますが、雇用者が民間人の場合にも当てはまるかどうかは定かではありません。

データの分析が福利や昇給につながるならば、従業員が雇用者による監視を受け入れやすくなる可能性はあります。このようなシステムで重要となる特徴の一つは透明性でしょう。すなわち、データ収集や分析に用いられる方法が明確であり、その結論に対して拒否権を行使したり異議申し立てを行えるといったことです。第2章で述べた健康動機づけシステムと同様、従業員監視システムの狙いはあくまで対象となる人の動機づけを引き出すものでなければならず、処罰するためであってはなりません。

しかし、従業員の健康保険コストに比べると、これは有言実行が難しいとも言えます。なぜなら昇給や給料の格差は常に組織内の紛争の種となるからです。さらに、ほとんどの健康動機づけシステムのわかりやすいアプローチと比べて、このような従業員データの分析ははるかに複雑なものです。健康動機づけシステムの場合、月々歩いた歩数に応じて健康保険料の負担が少なくなります。労働者の生産性を改善する最良の方法の一つは職場の満足度を上げることですが、雇用者がもし労働者の権利やプライバシーを侵害する素振りを見せれば、すべては裏目に出ることになります。

Ⅲ. 近隣地域の改善

近隣地域でのデータ収集を考える場合には、全く異なったチャレンジと機会が現れます。このようなプロジェクトの多くは大学の教授や学生などかなり均質性の高い人々のグループに頼り、データ収集の範囲もキャンパス周辺に限られることが多いです。しかし、これらのプロジェクトはより幅広い参加に向けたアプリケーションや動機づけ形式の可能性をも示しています。研究者や一部の企業は、より快適なコミュニティを作りたいという人々の願いに注目しながら、個人データ共有への抵抗を上手に減らそうとしています。

インテルの研究所とカリフォルニア大学で開発している有望な新アプリケーションとして、個人携帯型の空気質センサーで測定した大気汚染地図を作るものがあります。[*13] コモンセンス（Common

Sense）という名のこのプロジェクトは、個人レベルおよび集団全体での大気にさらされた度合いを表すデータを集計するもので、自身の健康と環境の健全さを改善したいという人々の気持ちを上手に利用して、参加者が携帯電話の位置情報や、空気中の一酸化炭素、窒素酸化物、オゾン、光量、気温、湿度、方位などを測る携帯センサー群のデータを共有してくれるように説得することに成功しました。このようなデータ収集の結果に合わせて、活動家が地域活動を組織できるようになります。

そうは言っても、このようなアプリケーションがさらに広範囲の対象に広がるのは、おそらくまだだいぶ先のことでしょう。大きな障壁の一つは、市販の携帯電話に組み込む商業的需要がほとんどの環境センサーにないことです。さらに、データの「クリーンさ」〔分析の対象となる情報以外の雑音がどれほど混入しているかという度合い〕という問題もあり、これは携帯電話がどういう条件のもとでデータを収集しているかにも左右されます。この類いのデータ収集を商業ベースで行う場合は、Bluetooth無線でユーザーの携帯機器と交信する廉価で邪魔にならない外部センサーを使う必要が生じるでしょう。

カリフォルニア大学ロサンゼルス校（UCLA）のデボラ・エストリンが率いるグループは、このような携帯電話のみのアプローチで近隣データ収集を行うプロジェクトをいくつも実施しました。それでわかったのは、カメラやGPSつきの携帯電話は多くの近隣改善計画に向いていることです。実際、同じような携帯電話アプリを大衆向けに制作している新興企業は、これらUCLAのプロジェクトの要素をそのアイデアに取り入れています。

そのプロジェクトの一つ、パーソナライズド・エンバイロメンタル・インパクト・レポート

（Personalized Environmentaal Impact Report）は位置情報を使い、そのデータを定期的に安全な経路で外部サーバーにアップロードすることによって環境への影響や露出度のレポートを提供しています[*14]。ユーザーの位置の軌跡やカリフォルニア州内の数千もの地域のデータ（天候や予測交通パターンなど）を分析することで、このシステムは、参加者がさらされたスモッグのレベルや遭遇したファストフード店の数を推定するレポートを作成します。同時に、個人の一酸化炭素濃度への影響や、その人の車などが学校、病院といった大気汚染に対して敏感な場所に与える影響をも推計します。

近隣レベルでのデータ共有の恩恵を示すもう一つのUCLAプロジェクトは、携帯電話を使ってキャンパス内のゴミの状況を報告させるものです。学生たちにゴミ箱の中身の写真を携帯電話で撮ってもらい、それによってリサイクル箱を置く最適な場所を決めるのです。

また、UCLAは最適な自転車通学路を定めるのにも携帯電話を使っています。バイクタスティック[*15]（Biketastic）というこのプロジェクトは、自転車通学者のGPS軌跡と加速度計データを収集して道路の荒れ具合を推定し、そして音声データから通学路の交通や工事の状況を測ります。これらのデータを空気質、時間別の交通データ、交通事故などのデータ群と組み合わせると、自転車通学路のクオリティが浮き彫りになってくるのです。

Ⅳ．サウンドスケープ（音風景）の監視

UCLAプロジェクトでもわかるように、さまざまなセンサーがついている携帯電話は究極の環境観察の道具です。一方、継続的に収集されたシンプルな環境の音声の統計データも強力なも

のです。２０１０年に、アービトロン（Arbitron Inc.）社は、今ではオーディエンス・メジャメント・テクノロジーズ（Audience Measurement Technologies, Inc.）として知られているＩＭＭＩ社の技術ポートフォリオと特許そして商標を買い取りました。ＩＭＭＩは環境音声を使って、人がどのようなメディアを消費しているのかを探っていました。ニールセン・メディア・リサーチ（Nielsen Media Research）と直接的に競合しながら、ＩＭＭＩは映画、ラジオ、ゲーム、ＭＰ３、テレビ、インターネットなどあらゆる形のメディアを把握しようとしました。このために彼らの技術が用いたのはスマートフォンやＰＣに内蔵した音声レコーダーで、一分間に数回ずつ音の断片を拾い、拾った音の特徴をデータベース内で照合するものです。この技術はユーザーの介入を必要としないので、先入観なしに、一人の人間のサウンドスケープ〔音風景とも訳される概念で、ある環境で生まれる音の総体を指す〕のサンプルを作成できます。このようにしてリアルタイムに作られた特定の個人の聴取習慣についてのレポートは、その人がサービスを申し込むときに提供した人口統計学的な情報と相互参照することができます。

すでに一万人以上がＩＭＭＩの技術への参加に同意しています。このサイズのグループですと、ＩＭＭＩの技術はこの章で扱っている小グループの範囲を超えてしまいますが、サーバー側よりもクライアント〔個別の人が携帯する機器の意〕側でデータ収集を行うという点、そしてデータが匿名の人やグループ平均ではなく、特定の人に直接つながる点から考えると、比較的小さなグループからのデータ収集に向いているものだと言えます。

ＩＭＭＩの技術を使おうと決めた人はまずソフトウェアを携帯電話やコンピュータにダウンロードするか、データ収集技術が搭載された同社提供のスマートフォンを受け取ります。ユーザーが持つ機器は数分ごとに音声サンプルを収集し、その音声はただちにデジタル信号に変換され、同社のサーバーに送られます。収集されたデータの特徴は、サーバー上に収納されＩＭＭＩによって特徴が計算されモニターされた他のメディア、対象コンテンツファイル、広告、プロモーション、映画、楽曲などと照合され、データの基となったメディアが特定されます。この照合プロセスは数秒しかかかりません。

プライバシーに関して、同社の説明では会話やメディアに関係のない音声はフィルターされ、消されているとのことです。音声はただちにデジタル信号に変換され、その信号はあらかじめ特定されたメディアのコンテンツに照合されますので、会話や道路の雑音などその他の音声を分析する理由も方法もありません。それに加えて、大きな動機づけが一つあります。ソフトウェアが搭載されたスマートフォンを受け取る人には、ＩＭＭＩから割引された機器とサービスが提供されます。人によっては、この動機づけだけでも、私生活を盗聴しそうな技術に対する懸念を抑えるのに十分効果的でした。

ＩＭＭＩ技術はいまや、放送信号の中に仕込まれた、人間の耳では聞き取れない音を探知するポータブル・ピープル・メーター（Portable People Meter）というポケットベルサイズの機器を開発したアービトロン社のものとなっています。この特殊な信号が検知されると、機器から無線でアービトロン社のサーバーに送られます。このポータブル・ピープル・メーターは現在カナダ、アイスランド、ノルウェー、スエーデン、デンマーク、ベルギーとカザフスタンで使用され、そのオーディオ暗号化技術はシンガポールにライセンス提供されています。

V. 結論

小グループの場合、データ収集の最大のチャレンジは参加者が賛同してくれる正しい動機づけを見つけることです。自分の生み出すデータと簡単にかつ直接的につながるケースでは特にそうだと言えます。会議用スマートバッジは経済的な理由でまだ普及しないかもしれませんが、職場や近隣地域では、人々が実際にどう働き、どう行動するかを把握するために、リアリティ・マイニング技術を活用する余地が十分残っています。コミュニティとデータを共有する恩恵がもっと上手に証明され、広く知られるようになれば、より多くの人々がこのデータ共有の条件を受け入れるでしょう。

ＩＭＭＩは、自分の環境音声のプライベートな部分を共有するよう人々を仕向けるスマートな方法を見つけています。それはスマートフォンを無償で提供し、私的な会話は除外されると約束したからです。あるアンケートによれば、平均10ポンド［為替相場によるが、およそ1,500円から2,000円の間］の報酬をもらえるのであれば学生たちは携帯電話で収集された位置情報の共有に同意するそうです。キャンパスから離れることの多い学生ほどプライバシーに高い価値をつけ、学内にとどまる人より多い報酬を要求したがることがわかっています。[*16] このアンケートからもわかるように、人は自分の位置情報に価値をつけるものであり、この価値は移動形態などの要素に応じて変動するものです。

このように、研究者も企業も個人のデータの価値を正しく認識し、それに見合う報酬を提供するべきです。固有のプライバシーの懸念もあり、この試みはリスクを伴うものですが、それを誠実に実行する人は豊かなアプリケーションを構築できる可能性に報われるでしょう。

第4章　エンジニアリングと方針

より効率的なビジネスを作ること、超地域的な政治を可能にすること、ライフイベントの検索、そして機会の探索

第2章では個人がデータを活用して、目標の達成や健康的な生活の助けとなるシステムやツールを作るさまざまな方法を述べましたが、この章では小グループのデータを使って、個人の生産性や健康の改善、良好なグループ内交流の促進、そしてより快適なコミュニティの構築に役立てる方法を述べていきます。小グループのデータを用いれば、技術者たちは職場の管理職、市民運動家、健康保険会社、地方自治体などが適切な判断を下せるよう、人やイベントや環境の間に有意義でカジュアルな関係を見つけられるようになるでしょう。

このスケールでは、社会的ネットワークにおける協力関係や上下関係が明確になり、グループ行動の説明に役立ちます。しかしこれらの洞察が最も役立つのは実際の行動に反映されるときでしょう。すなわち、よりスムーズに動く組織や、より快適な近隣社会をつくるときです。したがって、この作業をたんなる観察科学にとどめないことが大事です。より良い組織や近隣社会を設計することは根本的にはエンジニアリングに帰着します。その課題とはもちろん、人々が自分の生

み出したデータを快適に共有でき、勝手にアクセスされる脅威を感じないような、適切な動機づけの組み合わせを持つシステムを作り出すことです。

幸いにして、いくつかの企業や研究者はまさにこのようなアプリケーションを開発しています。第3章で述べたタシット社などが作ったような集団内の知識共有仲介システムは、従業員の仕事やコミュニケーションにおける行動を分析して、互いに新しいコネクションを作る手助けをします。同様の原理を適用して、会議やデートにおける自己紹介をしやすくするセレンディピティ(Serendipity)という携帯電話アプリケーションもあります。しかし、要点となるのはあくまでも、各自のプライバシーと主体性を担保することです。つまり、個人のプライバシーと安全を脅かさず、自己紹介を強制するのではなく、あくまでも手助けするだけのシステムを作ることです。

職場のデータから近隣社会のデータに目を向けると、近隣レベルでの生活の質の改善を望む小グループの市民がデータの活用を始めることが可能になっています。同じく第3章で述べたUCLAの参加型のデータ収集プロジェクトでは市民が大気汚染レベルをモニターできますが、このアプリケーションはたとえばぜんそく患者がどの道を通れば良いのかを示すことができます。

さらに興味深いのは、研究所から商業化され、数千人規模に広がった参加型のデータ収集プロジェクトです。その一例として、ニューヨーク大学から生まれたプロジェクト・ノア(Project Noah = Networked Organisms and Habitats[ネットワーク化された有機体と生息環境])では、市民科学者たちが観察した生き物の位置情報と時間情報が付与された写真を撮り、メモをつけて、地元の生態系の「健康状態」のスナップショットを時系列で供給しています。また、携帯電話アプリケーションであるシティソースド（CitySourced）では、利用者は枯れた樹木を見つけたときに、やはりその位置情報と時間情報が付された写真を市役所に送信することができます。このシティソースドは、市民が自分が収集したデータを問題解決を担う市職員と共有するために市政の作業管理システムおよびCity 311（非緊急性の通報システム）と連携しているアプリケーション群の一つです。

このようなローカルの参加型データ収集システムが地域にもたらす価値は、地域住民の貢献なしには生まれないものです。これは、潜在的に価値を持つ情報を提供するよう人々を動機づけることにシステムが成功した事例だと言えます。この共有を動機づける仕組みがよりよく設計されるにつれて、彼らは職場や生活圏の構築や維持に対してより大きな役割を担うでしょう。

この章では、プライバシーを守りながら参加するよう人々を説得する技術を含め、これらの地域型アプリケーションの可能性を検討します。この中には、動機づけが生産性や協力の明白な向上であったり、第三者へプライベートなデータを手放す必要がなかったりする場合もあれば、参加者が達成感を味わえるようにゲームの要素をアプリケーションに組み入れる場合もあります。恩恵が明白でプライバシーも守られている場合、人々は、自分や同僚そして隣人のためにも、職場や近隣社会を改善すべく、個人データの共有に同意するものです。

I. 社会的ネットワークへの介入：つながりをつくる

自社のソフトウェアを知識仲介システムと称するタシットソフトウェア社は、組織の構成員が送信する電子メールの私的内容を収集します。受信者、添付内容、メール内の言葉などを含むこれらの内容は、従業員の交流ネットワークに加え、個々人の知識や嗜好を推測することにも使われます。このタシット社のようなデータ収集手法は多くの従業員の不安を呼ぶ性質のものなので、そのソフトウェアは厳正で透明性のあるプライバシーポリシーの上に構築されています。すべての情報は暗号化されているので、技術部長や社長といえども、組織内の個人の趣味や人間関係に関する分析を見ることができません。裁判所の命令なしではタシット社はこの細心の注意を要するデータを公開しませんし、それにアクセスするには同社とシステムを使用する会社双方のキーが必要となっています。

このシステムはどのような仕組みでしょうか。まず、ソフトウェアが人間関係に関連した情報を明らかにするのはあくまで関係者全員がそれに明確に同意した場合のみです。たとえば、ロジャーという社員が自分が携わっているプロジェクトは社内の他のプロジェクトにも関係しているるのではないかと考えた場合、それがどのプロジェクトなのかということも、誰がそれに関わっているのかということもわからないとします。彼は何人かに電子メールを出し、自分のプロジェクトを説明し、似たほかのプロジェクトを知らないかと聞き、もし知っていれば、そのプロジェクトを説明してくれる人を紹介してほしいと頼みます。あるいは彼は知識仲介システムに訊ねることもできます。常時、誰がどのような課題とプロジェクトに取り組んでいるかを把握しているこのシステムは該当者に個別に聞いて回り、プロジェクトについてロジャーに紹介しても良いかを訊ねます。この検索をスタートさせた際にロジャーの氏名はすでに明かされていますが、システムからの提案に同意した者だけが彼に紹介されます。この提案を無視した者がいても、その匿名性は維持されます。

このシステムのめざすところは職場の効率性を上げるために知識、関心と人間関係の共有を円滑にすることです。これは、書類を分析し、ファイルし、分類する従来の知識管理システムを補完するものです。多くの場合、従来のシステムの欠点は、実際の知識や人間関係を生み出す一歩手前にとどまっていることです。これに対し、タシット社のような自動化されたシステムでは、専門知識や人間関係をそれらを必要とする者にタイムリーに提供しながら、データを所持する人が必要に応じてそれを非公開に設定する選択をも保証するのです。

２００４年のＭＩＴのセレンディピティプロジェクト[*1]は外部システムを通して自己紹介を仲介するという点で、タシット社と似通っています。初代のＭＩＴリアリティ・マイニングプロジェクトと同様、参加者の携帯電話で収集したデータを使って、セレンディピティは、同じ関心を持つがお互いのことを知らない人同士が物理的に接近しているときに、紹介を行おうと試みるものです。もともとのアイデアはセレンディピティを使って、大きな会社や会議での交流を仲介するものでしたが、同じアイデアからメトロスパーク（MetroSpark）という携帯電話による恋愛マッチングサービスも派生しました。

メトロスパークはユーザー登録の際にプロフィール情報としてユーザー自身に関するデータを訊ね、彼らの関心ごとに重要度をつけていきます。ユーザーさえ同意すれば、メトロスパークは睡眠時間、良く行く場所、交友関係、ゲームやアプリの使用など、彼らの携帯電話のソフトウェアから推論できる行動からさらなる暗黙のユーザー情報を取り出すことができます。さらに、ユーザーは紹介してほしいタイプの人に関する情報を明記することができます。これらの情報が統合される形でユーザーのプロフィールが構成され、中央サーバーに保存されます。

Bluetoothのレンジ内にいる二人のユーザーの類似性のスコアが、それぞれが設定した閾値を超えた場合、サーバーは近くにいる関心の近そうな人の存在をユーザーに知らせます。プライバシーへの配慮および礼儀上のエチケットとして、システムはまずそれぞれのユーザーにテキストメッセージで、同じ関心を持つ人に会いたいかどうかを訊ねます。両者ともイエスと答えたら、システムは彼らの携帯電話に写真と共通の話題のリストを送ります。

メトロスパークと似通った他の位置情報型社交アプリ（たとえば、男性の同性愛者をターゲットにした携帯電話のデートアプリであるグラインダー［Grindr］や異なった社会属性の人々を紹介するブレンダー［Blendr］など）では、ユーザーは自分の写真とプロフィールを公開できます。ブレンダーの場合は、ユーザーは近くにあるプロフィールをスキャンし（詳しい場所は明かさないまま）、興味のあるプロフィールをタグづけ［いつでも閲覧できるように特定の名前を付けたリストに保存すること］し、自分のプロフィールを誰がタグづけしたかを見ることができます。もしお互いのプロフィールをタグしたならば、このアプリを通じて直接チャットできます。[*2]

残念ながら、すべてのソフトウェア開発者が「双方の同意」を考慮に入れてアプリを設計したわけではありません。ガールズ・アラウンド・ミー（Girls Around Me）はそのような「同意フリー」のアプリケーションの例で、簡単に匿名かつ場合によって犯罪性の高い行動を許してしまうものです。このiPhoneアプリは、フェイスブックのプロフィールに載っている公開情報をフォースクエア（Foursquare［位置情報を公開しあうソーシャルネットワーキングサービスの草分け的サービス］）のリアルタイム位置情報にリンクしたうえ、誰でも簡単に検索できる地図上に表示します。このアプリは、写真、交友関係、関心、正確な位置などをオンラインに載せながらも全員に公開するつもりがあるとは限らない一定の地域内の人々の情報を、許可も求めずに、他のユーザーに検索させます。要するに、このアプリは、プロフィールや精密な位置情報などを本人には知られずに、許可もなしに組み合わせていたため、２０１２年にはアップルストアから削除されました。フォースクエアも、位置情報の不正利用を防ぐために異なる地区を横断した情報の統合を許さない同社の方針を理由に、自社のアプリケーション・プログラミング・インターフェース（ＡＰＩ［ある企業が提供するサービスのデータを第三者の企業や個人が一定の制約の下でプログラミングを通して利用できるようにする取り組みを指す。たとえばツイッターもＡＰＩを公開しており、そのことによって第三者がツイッターを閲覧するさまざまなアプリケーションを制作している］）へのガールズ・アラウンド・ミーのアクセスを拒否しました。[*3]

ガールズ・アラウンド・ミーの例もあるように、このようなアプリの開発者は、フェイスブックのプライバシーポリシーが頻繁にアップデートされ、わかりにくくなっていることを利用しています。そのために、プロフィール情報が意に反して公開されてしまうケースもあります。これとは逆に、メトロスパーク、タシット、グラインダー、ブレンダーなどはユーザーの明白な確認に基づいて、識別情報の共有や紹介の仲介を行うものです。それにもかかわらず、これらのサービスはプライバシーに関してはいまだにグレーゾーンにあるため、多くの理性的な人々が利用するのに二の足を踏んでいるのが現状です。この分野ではデータの設計を良く考えなければならず、データの取り扱いの透明性が普及への鍵となります。

Ⅱ．近隣社会に留意する

このスケールのデータ収集では、最大の利点は「位置情報」と、カメラや加速度計のようなセンサーから収集したもう一つのデータとの共有から得られることがあります。近隣社会のあるメンバーがこのような「共変量」［統計学用語。説明変数に質的変数を用いるとき因子と呼び、量的変数を用いるときには共変量と呼ぶ］を収集し、特定の場所にマップした場合、近隣社会の知られざる特徴が明らかになり、全員の生活の質が改善される可能性を秘めています。また、このようなタイプの近隣社会のデータ収集は企業におけるデータ収集より有利な点があります。組織内のプロセスでは全員の参加が理想となりますが、近隣社会の場合は有効な情報を得るのに全員の参加を説得する必要がないことです。

プロジェクト・ノア[*4]では、人々は植物、動物、菌類の位置情報と時間情報がタグづけされた写真を撮って、オンラインの生物データベースにアップロードします。このウェブサイトは検索できるマップを提供するほか、アプリケーションの将来版では自分の近所の生態系の地図を作成し、学生やバードウォッチャーなどが簡単に自分の地域の情報にアクセスすることができるようになります。特定の種に関する写真や情報を収集するミッションに参加させたり、貢献度に応じたバーチャル・パッチ（優秀バッジのようなもの）を獲得させるなど、ユーザーを動機つける方法もさまざまあります。

プロジェクト・ノアは物理的コミュニティとオンライン・コミュニティをつなぎ、ある地域の生態系の時系軸上での保全状態の観察を可能にしています。そのデータは現在、趣味のアマチュアたちのほか、シカゴのイリノイ大学のリスの研究[*5]およびコーネル大学のテントウムシの研究[*6]のデータの補足に使われています。そのデータはまた、生態系全体の健康状態を示す絶滅危惧種の監視や外来種の侵入状態の追跡にも使われています。

プロジェクト・ノアはコミュニティの生態系の保全状態に焦点を当てていますが、近隣地域の人工物の保全状態を報告させる携帯電話アプリもあります。先述したシティソースドのほかにも、シークリックフィックス（SeeClickFix）、フィックスマイストリート（FixMyStreet）などの携帯電話アプリを使うと、あらかじめ地理的かつ時間的にタグづけされ、分類済みの写真を市役所に送ることができます。場合によっては、これらのアプリは直接市の作業フロー・システムにつながり、自動的に作業注文票を出したり、苦情を警察に転送したりします。たとえばマンホールの修理や落書きの洗浄などがよりすばやく、効率的にできるようになっています。

このようなイニシアティブをサポートするよう自治体の長、幹部や広報担当者を説得するのは比較的容易なことです。市民に良いものは政治家にとっても良いものなのですから。これらのアプリでもっとも成功しているものは、自治体の既存インフラに自社のソフトウェアを確実に組み込ませたい企業が作成しているので、高価な情報技術の変更は必要ではありません。

実際、一部の自治体は率先して、自らアプリを開発しています。カリフォルニア州サンノゼ市の「サンノゼ311」システムは、事業が軌道に乗ったシティソースドが作ったものです[*7]。同様に、サンフランシスコ市は、市役所の情報共有に有効な方法を提供しうる携帯電話アプリケーションやウェブサイトの開発を促すため、道路清掃予定、公園情報、リサイクル施設情報など市の一部のデータへのアクセスを公開しています。

そして、ニューヨーク市に拠点を置く非営利団体オープンプランズ（OpenPlans）が立ち上げたオープン311（Open311）という取り組みのおかげで、自治体とアプリ開発者の共同作業が以前より簡単に行えるようになりました。そのめざすところは、ウェブサイトやモバイルのアプリを開発しやすいように、自治体の情報を提供する既存のインフラを活用するオープン・プラットフォームを作ることです。*8

今のところこれらのサービスのほとんどは、位置情報を共有するだけで、町内の問題点を報告できるようにしています。個別ユーザーからの散発的な位置情報の提供だけで、より清潔な近隣地域を実現できるというメリットが得られるため、多くの人はそのようなサービスを快く使っています。しかし、これらのモバイルアプリの将来のバージョンでは、ユーザーが登録してさらなる個人情報を提供するオプションも考えられます。そのようなオプションでは、苦情処理の進捗状況やコミュニティ活動情報を受けとるほかに、ゲームやコンテストへの参加も可能となるでしょう。

携帯電話がコミュニティの健全さの向上に貢献する方法でもうひとつ考えられるシナリオは、人々が自分のジョギング、サイクリングや通勤コースなどを同じ地域内の他者と共有できるようにすることです。2000年代半ばから、場所と距離で検索できるユーザー発のジョギングとサイクリングコースを提供するウェブサイトが現れています。このようにコースを共有したり、探したりするのに一般に使われているサイトとしては、マップマイラン・ドット・コム（Mapmyrun.com）、マップマイライド・ドット・コム（Mapmyride.com）、ウォークジョグラン・ドット・ネット

（Walkjogrun.net）、バイクリー（bikely）、ランキーパー（Runkeeper）、ランタスティック（Runtastic）、デイリーマイル・ドット・コム（DailyMile.com）などがありますが、データを手動で入力するものもあれば、ＧＰＳ機器から自動的にアップロードされるものもあります。これらのアプリのほとんどは、iPhoneやAndroid携帯で記録した活動の軌跡からコースを簡単に共有できるようになっています。

簡単に検索できる自転車通勤や通学ルートに関して、開拓されていない可能性はまだかなりありますが、この問題には近隣のクラウドソーシング（不特定多数の人がデータやさまざまな方法を持ち寄って問題解決する方法）が適切です。多くの自転車通勤者が自動車に代わる通勤方法を考えるうえで、他者とヒントや作戦を共有しようという動機を持つ傾向にあります。しかし、今のところ、ラッシュ時交通や道路状況などの情報（第３章で述べたＵＣＬＡのバイクタスティックプロジェクトがサイクリストから収集したようなデータ）を含む、さまざまな地域から都心へ向かうための満足できる経路を探し出すのは容易ではありません。

さらに、信号機の存在も考慮した、のんびりとしたペースでの到着予想時間も自転車通勤の初心者には役立つでしょう。ランキーパーやデイリーマイルのような人気サービスは、通勤者専用の検索機能を追加することでさらに改善するでしょう。自動的に自転車通勤に関する情報を収集し、このようなサイトにアップするようなアプリも開発するべきです。プライバシーへの配慮として、ランキーパーとデイリーマイルは自分のコースをオンラインに載せる人が安心できるために、そのルートの正確なスタート地点と終点を消しています。コースを匿名のまま載せることはできませんが、通勤者は常に自分の通勤データを公開する必要はなく、あるコースを一回共有することだけでも他の人に十分貴重な情報を提供することができます。

近隣地域の人々の行動を探り、交通、大気汚染、各種環境指標など他のデータと関連づけるツールも活動家には有益でしょう。第3章で述べたコモンセンスというカリフォルニア大学とインテルとの協力で進められたプロジェクトは、参加者に空気質センサーを持たせ、データをBluetoothで携帯電話へ送る可能性を示しています。コミュニティ内に変化をもたらすために、公園利用者やバス停で待っている人々に空気質センサーを配ることが考えられます。これらのセンサーが高い汚染度を感知したならば、それは地元企業に有害物質排出の削減を要請するキャンペーンを張る根拠になります。

サンフランシスコの低所得者が集まるベイビュー地区は、長い間近くの工業地帯の汚染に苦しめられてきましたが、この地区で最近始められた健康保障プロジェクトは、ぜんそく、がん、糖尿病や肺気腫など、子供や大人の病気につながるストレス環境の要素の軽減をめざすものです。これらのストレス要因としては、大気と音の汚染、虐待、健康食の欠如、運動不足、家族やその他からの社会的サポートの欠如、などが挙げられます。[*9]

地元の子供たちの携帯電話から収集したデータ（通学路、公共交通機関の待ち時間、新鮮食品を売る店への距離）は、貧困地区での系統的なストレス要因を確認する有効手段となりえます。このような携帯電話から得られたデータがあっても、小児科医はすべての問題を解決できるとは限りませんが、それでも子供がさらされる交通量を減らすためや新鮮な食料品を売るスーパーの前を通るように通学路を工夫するといった簡単な変更を保護者に提案できます。また、携帯電話のデータから、健康管理の提供者はレクリエーション施設や学外活動を行える地域を特定できます。こういったことは携帯電話からの情報がなくてもわかりそうだとはいえ、確固たるデータがあれば説得力も増しますし、健康産業のコストパフォーマンスを考える際に役立つものでもあります。

このようなプログラムの長期的なメリットとしては、公園やレジャー施設の建設、交通量の低減、歩道幅の拡大、沿道の緑化などの道路整備が挙げられるでしょう。もっと直接的で短期的なメリットとしては、参加者の携帯電話加入やサービス加入への全面的もしくは部分的な補助も考えられます。子供の居場所を追跡する技術に対して保護者たちは当然ながら疑いの目を向けるでしょうから、こうしたプログラムをコミュニティ内で採用するときには、その技術や目的を正確に紹介できる影響力のあるコミュニティ・メンバーに頼る必要もあるでしょう

Ⅲ. 結論

さまざまな動機づけや良くデザインされたアプリケーションによってますます多くのデータが小グループの規模で生み出され、収集されるにつれて、職場や近隣地域の政策デザインが今までの学術的理論から事実に基づいたアプローチへと移行していくことが予想されます。小グループデータの適切かつ倫理的な使用を促し、個人のプライバシーを保護するためには、手続きや規制の整備が明らかに必要である一方で、組織やコミュニティのメンバーは自分たちが生み出したデータから恩恵を受ける権利を持っています。開発者が動機やユーザープライバシーを慎重に考

慮さえすれば、この規模ではたくさんのチャンスがあることは間違いないでしょう。

職場での生産性と効率に関してタシット社は、すべてのユーザーのプライバシーを守る最も有効な方法を発見しました。それは人と情報との仲介役に徹することで、あくまでも当人が同意した場合にのみ個人情報が共有されるのです。近所の枯れた植物を報告する場合、人々は自発的に匿名の位置情報を市役所と共有しているように見えます。さらにゲーム性や他の動機づけがあれば、自分のアイデンティティを特定する情報までをも共有する気になるかどうかはわかりません。それでも、フォースクエアの位置情報アプリケーションやツイッター、フェイスブックのさまざまな機能を利用する人数の増加ぶりを見ると、位置情報の共有に対する人々の抵抗感は弱まりつつあると言えます。

通勤、ジョギングやサイクリングコースを共有するためのアプリケーションが人気を博している中、ランキーパーやデイリーマイルのような会社は、より大勢の人がデータを安全に共有できるような歯止めを慎重に考えるべきです。ここで、このようなプライバシーや安全性へのアプローチが適用できるのは、収集されるデータがまばらで、参加者もデータベースが一般に公開されているものだと承知して参加しているからです。

しかし、公害を監視する人や、患者に携帯電話を提供してコミュニティ内のストレス要因を見つけようとする医師の場合、問題となるプライバシーの次元はさらに深刻さを増し、倫理の問題も浮上します。共有したデータが自分に不利に使われたり、他人に譲渡されたりすることがないと参加者を納得させる法的なメカニズムが必要となります。UCLAのケイティ・シルトンとデボラ・エストリンはこの問題について次のようにはっきりと述べています――「生の位置情報や経験サンプルがあまりにも簡単に民事訴訟に登場するようになったら、個人や人口全体がこのような新しい形の調査への参加を敬遠してしまうおそれがあります[*10]」。彼女たちは個人データを非営利の営業秘密と同じような「秘匿特権」〔Evidentiary Privilege 米国の法律で、たとえば弁護士と被疑者の会話を法定で提出しなくても良いことを指す〕で取り扱うことを提案しています。この「特権」として扱われれば、データは特定の者に開示できないほか、法廷に召喚されたり、法的手続きに使われたりできないことになります。

　個人データの所有権や保護に関する本格的な議論はまだ始まったばかりですが、大勢の人たちが、そのような保護がなくても、位置情報のような豊富な個人データを、アプリケーションを設計し、データをネット上に公開する企業と共有しても良いと思っています。彼らがそうしているのは、法的問題の発生はおそらくないだろうと見込んでいることと、より良い情報にアクセスできるメリットのほうが高いと考えているからです。そのため、このようなデータの収集と共有のニュアンスまで考えた基準や法律ができるのはたぶんまだ何年も先のことでしょう。それまでに最も優先されるべきことは、データ共有に関わるリスクと恩恵を、簡潔に、しかも明確に、あらゆるケースの人々に知らせることです。

III

都市
（1000人から
100万人まで）の
スケール

第5章 交通データ、犯罪統計、監視カメラ

都市分析論の蓄積

2009年の段階で、世界の70億人の人口の半分は都市に住んでいます。アメリカでは82パーセントの国民が都市住民ですが、インドではこの割合は30パーセントです。[*1] どの国だろうと、すべての都市はその多様な住民のさまざまな行動パターンを最終的に反映した豊富なデータを生み出しています。第Ⅲ部では、1000人から約100万人規模の都市にフォーカスし、交通に関する指標および犯罪統計という、いろいろな意味で都市のリズムをかたちづくる2種類のデータを中心に検討します。

とりわけ、交通データを収集するさまざまな方法——携帯電話、車載GPSカーナビ、道路上のセンサー、警察の報告、その他の道路サービスなどの不特定多数《クラウド・ソース》からもたらされる情報——やそれぞれに関わるプライバシーや商業上の影響を探ります。また、警察や政治家から住民や不動産業者までが、いつ、どこでトラブルが発生しそうかということを見ることができる公共の犯罪データベースの増加についても見ていきます。特に、交通および犯罪の監視においてますます一

般化しているカメラによるデータ収集の法的そして技術的な課題もこの章で検討します。

この章で検討されるデータ収集技術のほとんどはわかりやすいものですが、そのデータの影響は広範囲に及んでいます。第6章では、都市交通の流れの把握がいかに資源を適材適所に必要としている道路へ振り向け、ドライバーにも道路状況や代替ルートのリアルタイムの更新情報を提供できるかを検討します。また、犯罪データが、天候、地形、イベント・カレンダー、日時などの情報と組み合わされると、犯罪防止に努める警察に有益なヒントを与えることもあります。

第Ⅰ部・第Ⅱ部で検討した二つのスケールと比べると、このスケールでのプライバシー環境はやや異なっています。都市では住民はプライバシーに関して合理的な期待を持つものです。でも、犯罪が起こり、容疑者が拘束されると、彼や彼女の匿名性は消えてしまいます。名前、年齢や保釈金額などが地元新聞などを通じて公の記録になります。さらに、所轄内の犯罪減少に役立てると思われた場合、警察は所持している犯罪データを研究機関と共有するかもしれません。この章ではその例をいくつか見ていきます。

Ⅰ．道路と群衆からの交通データ

かつて、ほとんどの交通情報は上空のヘリに乗ったレポーターから提供されるものでした。今では、GPSカーナビ、交通監視カメラ、ドライバーの携帯電話の位置情報、交通情報を収集する車両センサーなどのおかげで、一般のドライバーや交通レポーターはかつてないほど詳細な情報にアクセスできるようになりました。そして、2011年の都市部交通レポート[*2]（Urban Mobility

Report）によると、渋滞によるコストはアメリカだけで年間1000億ドルを越え、通勤者一人一年につき34時間（全体で約45億時間）の無駄が生じているというので、より良いルートを見つける動機づけは確実に存在していると言えるでしょう。

　ワシントン州カークランドに本拠地を置くインリックス（Inrix）社は、さまざまな交通データを統合してカーナビに最新情報を提供することを使命としています。同社は、ナヴテック（NAVTEQ）、トムトムインターナショナルBV（TomTom International BV）、メディアモバイル（Media Mobile）などと競争しあいながらも、交通データ業者としては世界最大で、[*3] AT&T、BMW、フォード、ガーミン（Garmin）、グーグル、マップクエスト、スプリント（Sprint）といった顧客を抱えています。

　2004年にマイクロソフトから派生したインリックスは2010年の段階で、アメリカ国内の約42万キロメートル［26万マイル］相当の道路のリアルタイム交通をモニターしていました。走行時間の予想やルート提案を行うのに同社が使うデータにはさまざまなものがあります。警察や緊急無線による交通警報、各州の運輸局が作成した履歴データ、路上のセンサーやカメラのリアルタイムデータ、ドライバーの携帯電話や増加中のGPSカーナビという「大衆発」の情報、コンサートやスポーツなどのイベント情報、そして天気予報や車内データから推定される道路状況、などです。

　路上や上空にいる人間に頼る従来の交通モニタリング手法は今日なお、ラジオの交通情報のように使われています。警察による報告、緊急無線、橋、トンネル、高速道路を管理する団体や交通監視カメラなどから入るレポートはクリア・チャンネル（CLEAR CHANNEL）のような会社によって整理編集され、ラジオ／テレビ局やインリックス社に販売されます。そのデータを研究機関が購入したりライセンス契約で入手する場合もありますが、主にガーミンやトムトムのような機器メーカーにライセンスされ、サービスに加入した顧客に提供されるものです。[*4]

交通カメラは道路状況を把握する簡便な方法であり、実際に多くのカメラの映像はインターネットでも見ることができます。[*5] これらのカメラは主に交通状況の質的な評価のために用いられるものであり、事故をすばやく見つけるためではありますが、ベルギーのトラフィコン（Traficon）やイスラエルのエージェント・ヴィーアイ（Agent Vi）のように、ビデオデータを自動的に分析するシステムを開発する企業も現れています。

同じ交通モニタリングでも、道路に埋め込むセンサーもあります。いわゆる埋め込み型のループセンサーは何十年も前から実用化され、今も有効なデータを提供しています。ループセンサー群は電磁場を作り、車が通るとその電磁場が撹乱される仕組みとなっています。2009年の時点で、カリフォルニア州は高速道路に2万5000個所ものループセンサーを設置し、交通の流れ、道路の占用状況、スピードなどを測っています。州や連邦の運輸当局はこのようなループセンサーから得られた交通データの履歴データベースを運営し、その情報はホームページなどを通じて一般に提供されています。インリックス社はこのような履歴データを同社の交通予想アルゴリズムに組み込んでいます。こうして、交通履歴データは、たとえば木曜日の午後4時半にセントルイスを通過するルートを計画する際に使うことができます。

インリックスのものと似た交通の流れを推定できるセンサー技術として、定位置Bluetoothセンサーのセットがあります。メリーランド大学が2012年に完成したプロジェクトでは、およそ3キロ離れた定位置に設置された二つのBluetoothセンサーによって交通スピードを正確に測るができることが証明されました。[*6] ほぼ20台に1台の車は、携帯電話のハンズフリー通話に利用されるBluetoothセンサーが内蔵されており、そのセンサーには固有の認識信号があります。道端に設置された2機のBluetoothモニターの最初の一機目が特定の車両のIDを検出した後、同じIDが3キロ離れた二機目のモニターに検出されたときに、走行に要した時間が計算されます。

ループセンサー、Bluetoothセンサー、交通カメラなどは、インリックスのリアルタイム情報の源泉であるとはいえ、すべての道路をカバーしているわけではありません。このようなインフラに設置されたセンサーは主に幹線道路や都市部に見られます。このため、インリックスは車載のGPSカーナビや携帯電話のようなより普及し、より精度が高い交通データのソースに頼るのです。GPSカーナビがわりあい正確であることに対して、Wi-Fiと基地局との三角測量で位置が求められる携帯電話は6メートル以上ずれることがあります。しかしながら、現在は大量の携帯電話が存在しているため、雑音の中から有意義な信号を見つけ出すことが可能になっています。2012年の段階で、インリックス社は商用車と船舶を中心に、世界中で約5000万台の携帯電話とGPSデバイスのデータを収集しています。同社によると、アメリカ国内の「大衆発」データの大半はGPS装着の車から採ったものです。2011年に、インリックス社は携帯電話基地局の三角測量で車両位置を測るイギリスのITIS社を買収しました。このアプローチはGPS

ほど正確ではなく、アメリカ以外の車両位置データの約半分しか占めていませんが、ＧＰＳが普及していない地域における空白を埋めることができます。

インリックス社はまた、都市内や周辺で開催される公共のイベントや、それらのイベントが過去に交通にどのように影響したかについても考慮しています。イベントをプロデュースする会社の従業員がイベントに関するデータを入力したのち、これらのデータは交通予想やルート提案のアルゴリズムによって用いられます。

さらに、インリックス社はアウディ、日産、フォードなどの自動車メーカーとも協力して、それぞれの車に装着するカーナビ用の交通データを提供しています。２０１２年になると、同社はパートナー各社の車のセンサーデータも収集するようになりました。とりわけ、ＡＢＳ［アンチロック・ブレーキ・システム。悪天候時や急ブレーキを要する場合に車輪がロックしてハンドルをとられたり横滑りするのを防ぐ機能］やワイパーの作動情報は、道路のリアルタイムな状況を把握するのに大きな役割を担います。

インリックスと同様に、グーグルも交通状況を把握するために携帯電話を使います。[*7] 商用車のドライバーたちが提供する情報に加えて、グーグルは携帯電話用グーグルマップを使うために携帯電話のＧＰＳを起動したすべての人から匿名的に位置とスピード情報を収集します。同社によると、携帯電話はドライバーがどれほど速く移動しているかの匿名データをグーグルに送り、これをある特定の時間に道路上に位置している他の携帯電話（グーグルマップは2億台以上のモバイル・デバイスにインストールされています）[*8] のスピードと照らし合わせると、かなり精度の高い情報が得られるとのことです。しかしグーグルはいくつかの国ではデータが得られないので、２０１１年秋にはインリックス社とパートナーシップを結び、この穴埋めを図りました。[*9]

グーグルはドライバーのプライバシーに配慮しています。スピードと位置に関するデータは匿名のままで、ユーザーが電話機の位置情報サービスを起動したときのみグーグルのサーバーに送られます。また、同じ場所から多数の人のデータが届いた場合、同社はこれらのデータを取り混ぜますので、個別の携帯電話の特定を難しくしています。そして、移動のスタート点と終点のデータは永久に削除されるので、グーグルの社員といえども誰もこの情報にアクセスできません。位置情報サービスがオンに設定されている携帯電話はグーグルマップの利用時に自動的にデータをグーグルのサーバーに送りますが、すべての位置情報サービスを無効にすることでデータ送信を止める選択肢も与えられています。グーグルはその地図データの一部に方位、距離、高度などの情報を引き出せるAPIを提供していますが、[*10] 交通データは今のところ、独自のアプリケーションを開発するプログラマーには提供されていません。

グーグルは2013年半ばにシリコンバレーの新興企業のウェイズ（Waze）社を買収しました。ウェイズも携帯電話から交通データを収集していましたが、それはユーザーの明白な同意のもとで行っていました。実際、2009年に創設されたウェイズ社はユーザーに地図の肉づけ（たとえば、空白になっていた脇道の名前をつけることなど）や、スピード違反監視区間（いわゆるネズミ捕り区間）、渋滞、事故などの報告をしてもらっていました。同社のユーザー数は2010年には100万人から2000万人に倍増しました。[*11] 異なった都市の加入者が増えるにつれ、同社のサービスは正確な行程時間や優秀な代替経路の提供などの点でその有効性を増していきました。また、同社はバーチャルな報酬、点数やバッジなどソーシャルゲーム的要素を取り入れて、ユーザー数と参加率を上げてきました。

グーグル、ウェイズ、その他の携帯電話用交通アプリケーションは、廉価であり、良質な交通推定を提供するだけでなく、中には利用そのものが楽しい場合もあるといった点でユーザーを惹きつけています。インリックスもトムトムもモバイルのアプリケーションを出していますが、その中心的な業務は正確な交通分析を車載カーナビに提供することです。今のところ、インリックスやその他の「大衆発情報」を用いる製品は、一部ライセンス契約で入手できるとはいえ、自由にダウンロードできるものではありません。2008年以来、メリーランド大学はインリックスと「国道95号回廊連合（I-95 Corridor Coalition）」（各州の運輸当局、治安機関、港湾当局、東海岸各州の交通機関、メリーランド大学、インリックス社などからなる団体）と手を組み、インリックス社がフロリダ州からメイン州まで東海岸沿いの10州をカバーしている国道95号沿いの3万キロメートル以上の道路で収集し、編集したリアルタイムと過去の交通データを利用して、運輸関係予算の配分の効率化を各州の運輸当局と共に図っています。[*12]

Ⅱ. 犯罪予想データ

犯罪予想の中心を占めるのは過去に起こった犯罪に関する充実したデータベースです。この場合のデータ収集で最も頼りにされてきた手法は何年ものあいだ変わっていません。それは警官が書く、事件や逮捕に関する有意な情報が満載された報告書です。このような報告書の作成は主に二通りあります。まず、パトロール中の警官が犯罪行為を見つけ、容疑者を尋問し、場合によっては逮捕します。あるいは、誰かが通報や苦情のために電話してくるケースもあります。報告書には犯罪の日時、場所、数百にも上る犯罪識別コード、現場に関する詳細（コンビニか、側道か、路上か、など）、そして、通報者の姓名、連絡先などが記載されます。

何十年にもわたって、事件発生と逮捕に関する報告書のデータはコンピュータで処理され、データを空間的に可視化するように地図上に表示されてきました。このようなマップは、たとえば容疑者の地理的な活動範囲の特定というような特殊なケースで使われてきました。同じように、ある地域に特有の犯罪の種類やそうした犯罪が他の地域にどう伝播していくのかということに関するヒントも与えてきました。

最近では、特殊なアルゴリズムとリアルタイムの犯罪データを使って、常時アップデートできる犯罪マップが作られ、犯罪が起こる前から警官を特定の場所に配置することが可能になりました（第6章参照）。テネシー州のメンフィス市では、警察は2005年よりブルークラッシュ（Blue CRUSH）［Criminal Reduction Utilizing Statistical History: 統計履歴を用いた犯罪の低減］というプログラムを運用しています。指揮官たちは報告された犯罪のヒートマップ［温度の比喩を使って指標の高い場所ほど赤く、低い場所ほど青く表示する手法］を使って、警官のカバー領域の変更に伴う現在の犯罪量や犯罪発生レベルの変化などを観察します。このようなマップは週単位で更新され、次の週の戦略を調整するために使われます。*13

犯罪の地理的関係を示す地図のほかにも、合衆国地質調査所が提供する地形データのような地理情報のレイヤーを含む地図の上に犯罪データをかぶせることも可能です。*14 ほかにも有益な指標として、犯罪者と被害者の住所をマップに入れ、その上に、道路、学区、選挙区、鉄道、産業、雇用、平均収入などの地理情報やその他、合衆国人口統計局が公開している情報をかぶせることです[*15]。また、麻薬取り締まりや自動車の盗難とその発生時間など、異なった犯罪データのセットと照らし合わせることによってさまざまな知見が得られます。

犯罪マップに加えて、ギャングによる組織犯罪のネットワーク図の作成も一部の研究機関と警察当局の手によって進められています。異なるギャング同士の関係をモデル化するため、ロサンゼルス警察本部とカリフォルニア大学ロサンゼルス校（ＵＣＬＡ）は、30ものギャング団体があると見られる地区の10年以上にわたる１０００件の組織犯罪とその容疑者の履歴データを使っています。このようなモデルに基づいて、研究者たちは80パーセントの確率で、新たな犯罪に走る可能性の最も高い三つの組織を特定することができました[*16]。

ＵＣＬＡで開発された各種モデルを使って、カリフォルニア大学サンタクルーズ校の研究者たちはサンタクルーズ市警のデータを用いて犯罪発生を監視しました。観察されたパターンは数学的には地震の余震と似ていることがわかり、犯罪が発生しそうな場所に的確に警官を配置することができました[*17]。

Ⅲ．犯罪の察知と抑止にビデオデータを使う

犯罪に関する情報を収集するデータ中心のアプローチの一つに、ビデオカメラを街中に設置することがあります。アメリカ合衆国国土安全保障省の資金援助により、多くの警察署がテロ対策

としてカメラを設置したので、アメリカ国内の治安監視カメラの数は大幅に増加しました。２００９年に、同省は１５００万ドルを使って七つの都市に都市部安全イニシアティブ（Urban Area Security Initiative）を推進し、テロ行為の予防、反応と事後処理のための企画や装備の配置、そして訓練を実施しました[*18]。２０１０年には64の大都市に8億３０００万ドルが、２０１１年にもこの計画の枠内で6億６２００万ドルが31市に行きわたりました[*19]。

このようなカメラが犯罪抑止にどれだけの効果があったかについては意見が分かれるところです。ロサンゼルスの犯罪監視カメラを分析した南カリフォルニア大学の２００８年の調査結果では、凶悪犯罪や建造物に対する犯罪に関しては統計学的に目立った減少は認められませんでした[*20]。同様に、カリフォルニア大学バークレー校の２００８年の調査でも、サンフランシスコ市がカメラを設置した後、凶悪犯罪の減少は見られないという結論が出されました[*21]。監視カメラの使用で有名なロンドンでは、２００９年のロンドン警視庁の内部報告もカメラが犯罪者逮捕につながるのは稀だとの結論を出しています[*22]。

しかしながら、２００１年からシカゴ市、ボルティモア市とワシントンＤＣの履歴データを精査したアーバン・インスティテュート（Urban Institute）の２０１１年の報告書では、より複雑な結果が示されています[*23]。中でも最もカメラ網が発達したシカゴ市内では、フンボルトパーク地区ではカメラ設置が全体的犯罪率の12パーセント減につながりましたが、ウエストガーフィルドパーク地区では犯罪の減少は見られませんでした。ボルティモア市で観察された三つの地区ではそれぞれ25パーセント、10パーセントの減少と、全く減少なしという結果となりました。そしてワシントンDCではカメラ設置と相関する犯罪の減少は見られませんでした。調査を実施したチームは、このテクノロジーをより良く活用するために、訓練された職員がビデオをモニターし、広範囲の視界が得られるようにカメラを動かせるようにするべきだと提案しました。この勧告はまさにこのようなデータ収集に関わるカメラの設置と維持の本質的な問題を突いています。

Ⅳ．パブリック・アクセス

一般市民はほとんどの公共の監視カメラ映像にアクセスすることができませんが、交通監視カメラ、ウェブカムや警察から犯罪データを合法に入手するクライムリポーツ・ドット・コム（crimereports.com）やクライムマッピング・ドット・コム（crimemapping.com）のような、匿名の犯罪活動のデータベースを提供するウェブサイトにはアクセスできます。上記の二つのサイトではユーザーはさまざまな犯罪の発生履歴を地図上で閲覧することができます。犯罪被害者のプライバシーへの配慮から、特定の住所は消してあり、事件発生場所は区画レベルで表示されています。データはダウンロードできず、サイトからデータを「削り取る」ことは利用規約の違反になります。それでも、クライムリポーツ・ドット・コムでは、性犯罪者の実名、年齢、住所などの詳細情報が提供されています。

Ⅴ．交通と犯罪を監視するカメラの合法性

ドライバーから離れて設置されている場合、交通監視カメラはいかにも無害に見えますが、

2004年にアメリカ自由人権協会（American Civil Liberties Union、以下ACLU）は、生でモニターされているこのような交通ビデオ映像を使って警察が違法な停車指示をかける可能性を指摘し、そのような行為は違法な捜査と押収を禁止する法律に違反していると主張しました。

近年、新しいタイプのカメラが配置されるようになりました。単に交通の流れを見るのではなく、信号無視やスピード違反の切符を切るために、ドライバーの顔とナンバープレートの写真を撮るカメラが設置されています。ところが2007年に、ミネソタ州の最高裁は赤信号時にドライバーの写真を撮るカメラは車所有者の無罪推定を侵害すると断定しました。ほかにも、ウィスコンシン州、ウエストバージニア州、サウスカロライナ州、ニューハンプシャー州、モンタナ州とミシシッピ州はこの種のカメラの使用を禁じています。しかし、シカゴ、ボルティモア、サンディエゴ、ポートランドとワシントンDCなどの大都市ではこのような赤信号撮影カメラを使い続け、その技術を民間会社が提供し維持する場合もあり、そして、世論調査によれば、各市の市民の半数以上がその使用に賛成しています。*24

交通や犯罪に関連した公共監視カメラ（無音声型ビデオ監視）の使用について、法廷は多くの場合において認めてきました。1967年にアメリカ連邦最高裁は「カッツ氏対連邦政府」の判例（Katz v. United States, 389 U.S. 347）で、近代的な捜査押収法を憲法修正第4条のもとに定義づけました。一般的に言えば、公共の歩道を歩いたり、公園に立ったりしている人は、自分の行動が他の人々や警察に対してプライベートであると期待することはできません。同じように、車内や道路上にいる人もプライバシーを期待できず、監視されることは免れないので、公道にいる個人をビデオで記録することは許されるというロジックでした。

このような監視の合法性はさらに1993年の「連邦政府対シャーマン氏」(990 F.2d 1265)の判例で強化されました。この判決で第9巡回控訴裁判所は、「公的な場所でビデオ撮影された人はプライバシーへの合理的権利がなく、したがって、政府がそのビデオテープを裁判に使うことを憲法修正第4条違反として訴えることはできない[*25]」と断じました。

このような公共の場所における監視カメラの合法性は、研究者たちも研究目的に公共の場所にカメラを設置して良いということを意味します。現に人間の移動に関する研究を目的に、キャンパスにカメラを設置した前例がありました[*26]。それでも費用がかさみますので、カメラ使用の多くの研究者は、オンラインで映像を流すタイプの、政府が出資して維持しているカメラを利用しています。現在、ほとんどのウェブカムを用いた研究は、遠隔地の野生生物や環境を監視するカメラに頼っています。

Ⅵ．結論

個別の研究者や機関が都市のスケールでの交通や犯罪関連データを入手するのは難しいですが、それらのデータを収集し、編集する企業と協力したり、警察と協力してその履歴データベースにアクセスしたり、自由にダウンロードできる政府の人口データを利用したりすることは可能です。個人のプライバシーを侵害せずに犯罪データを適切に使えば、その使用は都市の安全向上のための強力なツールとなるでしょう。

さらに、研究者たちは音声を記録しないカメラを設置して、比較的小さなサンプル規模ながらも都市部の人間の移動に関するデータを収集することができるでしょう。都市生活の一断片の小さなサンプルであっても、時間をかければ、その都市のリズムを浮き彫りにする洞察につながげられるでしょう。また、警察や運輸関係の資源配分が改善されることも期待されています。このようなデータを利用して、病気の発生をモニターする試みも始まっています。都市の安全性を高め、より快適にするシステムの構築には、犯罪や交通データはまだ十分活用されているとは言えません。次の章では、このようなデータから見いだされた可能性について述べます。

第6章　エンジニアリングと方針

資源配分の最適化

技術の進歩によって、個人のスケールから都市のスケールまでデータの詳しい分析が可能になったことに伴い、占い師が水晶玉に向かうがごとく、大規模なデータセットと向き合う人々が現れました。まるで、正しい質問をすれば、未来があなたの目の前に姿を見せてくれるとでも言っているようです。しかし、ビッグデータや効果的な分析をもってしても、未来像は不確かなままかもしれません。それでも、都市というスケールは刺激的なチャンスを提供してくれます。犯罪や交通に即座に適応するシステムを作れば、これらの分野の予想は有効になりうるのです。

すでに、犯罪データの傾向の分析によって、フィラデルフィア、メンフィス、そしてロサンゼルスの市警は、犯罪発生前における警察官の最適配置を決定するシステムを開発しています。警官の姿が増えるだけで各場所での犯罪が回避されることは、すでに証明されています。高い犯罪率の地区で、真面目な市民を脅かさない適切な方法で利用されれば、このような犯罪予知システムはコミュニティの健全性と安全に貢献できます。

交通予想もますます有望な分野になっています。インリックスやグーグルのような企業はその多岐にわたるデータ源を融合させて、より精度の高い行程時間の予測を行う一方、事故や渋滞を回避できるリアルタイムの更新情報も提供しています。交通データに基づいて、マイクロソフトの研究チームは未来の想定外の交通イベントさえも予想できるようになりました。リアリティ・マイニングのおかげで、想定外の出来事やサプライズの予測ができるようになったのです。

しかし、交通データは交通予報に使われるだけではありません。都市計画者による、危険な交差点、改修が必要な道路、緊急時の避難方法などの検討にも役立つのです。さらに、交通データから都市周辺の移動状況を俯瞰することも可能であり、その都市の住民の時系列上での流れを見ることができます。

都市の移動状況を理解することで、研究者たちは病気の拡散に関して、ウイルスはどこで発生したのか、誰を隔離すべきなのか、誰が予防注射を受けなければならないのか、というような重要な設問を立てられるようになりました。一部の研究チームでは、その他の移動指標と共に交通データを使って、伝染病が都市の中をどう伝播していくのかということを把握しようとしています（第10章で、地球規模での病気の追跡について詳しく述べます）。

この章では、都市規模でのデータ活用において、直接的もしくは間接的に予測を行うアプリケーションを見ていきます。

Ⅰ．交通予測とサプライズのモデル化

インリックス社は、道路の区分ごとの交通スピードを測るため、携帯電話から発せられるGPSとWi-Fi位置情報、車載装置から発信されるGPS位置、道路センサーと交通監視カメラ、交通履歴、イベント・カレンダー、天気予報などさまざまなデータの流れを活用するアルゴリズムを開発しました。同社はこの情報から全行程の運転時間を推定します。さらに、交通を継続的にモニターし、分刻みで予想をアップデートします。メリーランド大学と国道95号回廊連合が行った独自の研究（第5章で述べた、Bluetoothセンサーを同国道上に約3キロ間隔で配置して車両スピードを計測するもの）によると、インリックス社が計測した車両速度の精度誤差は週7日間24時間の間で時速3キロ以内となります。*1

２００８年に、グーグルは、ネット上のグーグルマップを使って、未来の行程の運転時間を予測するサービスを始めました。*2 たとえば、予約した病院への運転時間を知りたい場合は、予約日時を入力するだけでこのサービスを利用できました。このサービスはその後廃止されたままとなりました。今日iPhoneやアンドロイド携帯で利用できるグーグルマップは運転時間の予測を行いますが、未来の行程の運転時間を予測するツールではないことに留意してください。

交通予想システムがどんなに賢くなっても、不測の事態にはまだ対応できません。しかしながら、卵が満載のトラックがひっくり返ることや、意外に空いている道路といったサプライズを個別に予想することが困難であるとはいえ、マイクロソフトの研究チームは、こうしたサプライズがいつ発生するかということをある程度合理的に予測する方法を見つけています。「サプライズ

(予期しないこと)のモデル化」と呼ばれるこのアプローチは、交通予測のほかにも、健康関係、軍事戦略、金融市場、といった、予測が役に立ちそうな分野の改善に貢献することが期待されています。

「サプライズのモデル化」は、2003年にエリック・ホルヴィッツ(Eric Horvitz)のチームがスタートさせたスマートフロー(SmartPhlow)というマイクロソフトのソフトウェア・プロジェクトから派生したものです。このソフトウェアは幹線道路の交通の流れを示す一方で、道がいつ予想外に空いてくるのか、あるいは逆にいつ混み合ってくるかといった「サプライズ」をユーザーに知らせます。シアトルの何年間にもわたる交通データを事故、天気、休日とイベントなどと関連づけながら、研究者たちは一日を15分刻みの断片に分け、それぞれのシチュエーションに一致する交通の確率分布を計算しました。彼らは、データが平均モデルから大きくずれるような異常な交通状態に注意を払い、それぞれの「サプライズ」ならびにこのようなズレを導いたと予想される30分前までの出来事を記録しました。そして、各サプライズに先立つ条件を検討して、何らかのパターンがなかったかを検討しました。この結果として、5パーセントの誤差で、ドライバーが遭遇するであろうサプライズの50パーセントを予想するシステムが完成しました。[*3]

Ⅱ. 道路リソース:インフラ計画、緊急対応、避難

アメリカの国道95号はメイン州からフロリダ州まで延びる南北縦断道路です。2008年以来、「国道95号回廊連合」は、数十億もの交通データポイントを運輸網改善のために使える情報に変

換できないかということを研究しています。ヴィークル・プローブ・プロジェクト（Vehicle Probe Project＝ＶＰＰ）というこの計画は、車内ＧＰＳのような大衆発のデータを用いており、少なくとも２０１４年までは続きます。

Ｉ９５トラベルインフォ・ドット・ネット（I95travelinfo.net）のようなウェブサイトや５１１の電話案内などを通じて旅行者に正確な情報を提供するほか、このＶＰＰプロジェクトは都市計画機関の意思決定の一助となることをめざしています。一例として、ワシントンＤＣとフィラデルフィアの都市計画機関はＶＰＰのデータを使って、道路ネットワークのパフォーマンスを点検しています。これは渋滞解消や全体的な交通パターンの変化に対処する道路改善を計画するための第一歩と言えます。

ＶＰＰによって収集される膨大なデータはまた、緊急応答チームの現場への到着をスピードアップしています。ニュージャージー州の場合、２００８年10月に突然発生した暴風雪の最中、カメラシステムだけではおそらく見落としていた重大な事故が国道80号に発生したことを交通管理当局がＶＰＰで突き止めたため、救急隊をすばやく派遣することができました。*4

災害時の州や郡政府による住民避難にも交通データは役立ちます。年に何回もハリケーンに見舞われるフロリダ州は、避難時の交通の順調な流れに特に心血を注ぐ州の代表格ですが、その避難は主に郡のレベルで指揮されるものであり、それを超える規模の場合は州政府が指揮することになっています。

避難中のリアルタイムな交通データにアクセスしながら、フロリダ州の担当者たちは市民がどの方向に流れているかを見て、その行き先の自治体に対策を促すことができます。さらに、渋滞が特にひどい避難経路に対しては、代替の経路や緊急避難所へ案内する対策をとることもできます[*5]。

Ⅲ. 交通状況から病原菌を追跡する

大量の交通データの利点の一つは、都市の中を人々がどう動くのかを俯瞰できることです。このような交通データに特別な興味を持っているのは伝染病の専門家たちです。疫病の発生を追跡する研究者たちはいまや交通データを使って、人々（および彼らが持つかもしれない病原菌）がどのように都市内を移動するかを見ようとしています。

都市部の移動形態の情報は、伝染病がどこで発生し、どのぐらいのスピードでどこへ向かって拡散するかを推測する疫病拡散モデルに組み込むことができます。この情報に基づいて、適切な隔離や予防接種の対策をとったり、貴重な資源（たとえば医療人員）をタイムリーに適材適所に振り分けることができます。

アレッサンドロ・ヴェスピニャーニ（Alessandro Vespignani）やダーク・ブロックマン（Dirk Brockman）ら一部の研究者は運輸データを使って、さまざまなスケールでの疫病ネットワークにおける人間の移動形態をモデル化しています。ヴェスピニャーニのチームは都市交通と航空交通との間に通勤の流れの違いがあることを突き止めています。都市通勤における交通は、航空交通に比べて密度が大幅に高く、都市スケールでの人々の相互作用や接触がますます多様化していることを意味しています。この結果は、さまざまなスケールにおける移動データの持つニュアンスを理解するのがいかに重要かを示しています。ヴェスピニャーニのチームは、全体的なモデルの精度の向上のために、都市スケールで開発したモデルを世界規模での疫病ネットワークに組み込むことを提案しています。[*6]

Ⅳ．犯罪予防パトロールのための犯罪統計

警察署は当然ながら犯罪に関するデータを収集しています。それは違法行為の容疑にかかる「誰が」「何を」「いつ」「どこで」「どう」を記述する事件報告書です。過去十数年にわたって、この犯罪データの大部分はデジタル化され、警察署が金曜日の夜にどこにパトカーを配置し、日曜日のフットボールの試合にどれだけの警官を派遣するのか、といった決定を適切に下せるよう、パターンを見いだすことを可能にしました。

ニューヨーク市は１９９４年からコンプスタット（Compstat）というコンピュータ化された治安システムを使っていることで知られています。いまやアメリカ全国の都市で使われているこのシステムは、報告された違法行為の長期的な傾向を記録しています。２０１１年に刊行された『安全になった都市』〔原題The City That Became Safe〕という本の中で、著者のフランクリン・E・ジムリングは、過去数十年間のニューヨーク市における犯罪の減少傾向はこのコンプスタットによるところが大きいのではないかと書いています。コンプスタットのおかげで、犯罪が起こりやすいエリアに警官を重点的に配置することが可能になりました。[*7]

過去十年間に、一部の警察署はコンプスタットの精神に忠実でありながら、少々新しい要素をつけ加えました。それまで、コンプスタットのデータは週ごとの作戦会議で使われ、人力でパターンを見いだしていましたが、今では日々更新され、ほぼリアルタイムな犯罪予知アルゴリズムを使う新しい犯罪追跡システムも加わりました。*8

このようなリアルタイム犯罪追跡システムの基本の大半はカーネギーメロン大学の研究チームとピッツバーグ市警との協力で2004年に公開された研究の成果です。その研究では、ジャクリン・コーエン（Jacqueline Cohen）、ウィルペン・ゴー（Wilpen Gorr）とアンドレアス・オリグシュレーガー（Andreas Olligschlaeger）ら研究者が、1991年1月から1998年12月までのピッツバーグ市の16の犯罪形態（放火から殺人まで）に関する約130万件の警察記録を精査しました。その狙いは、同市を100区画ごとでまとめた104の四角形セルに分けたグリッドシステムに分解し、その中から1カ月先までの犯罪の予測を行おうというものでした。

こうして、重大犯罪を導く兆候（他の犯罪）を見つけることで、その兆候の重要性や影響を定められることがわかりました。この情報から研究チームは、犯罪予防のために警官をどこに配置し、犯罪の可能性が低い場合はいつ警官を引き上げるべきかという決定を助ける予測モデルを作りました。事件予測の方法は各種犯罪の相関関係に基づくものでした。研究チームは、単一の種類の犯罪の傾向を見る標準的な外挿法［既知の事柄から未知の事柄を推定すること］よりも、このような異なった犯罪タイプを相関させる手法のほうがはるかに優れていると結論しました。*9

ピッツバーグとニューヨークでは犯罪率が下がりましたが、サンタクルーズではむしろ増加しました。同市における事件数は2000年から2011年の間に増加しましたが、州や市の財政難によって警官の人数が減りました。2011年にはパトロールの効率化を図り、有効な犯罪予測システムを開発するために、サンタクルーズ市警はジョージ・ティタ（George Tita）、ジョージ・モーラー（George Mohler）、マーティン・ショート（Martin Short）、ジェフ・ブランティンガム（Jeff Brantingham）ら研究者たちと組みました。彼らは街を500フィート四方のグリッドに分けたうえで、そこに過去8年間のサンタクルーズ市の事件報告書をプロットしました。[*10] コンプスタットと違って、このシステムは日々新しいデータを取り入れるほか、地震の余震予報に用いられてきたコンピュータモデルを使いました。そして、新しい犯罪に関するホットスポットの更新は毎日警察に上げられました。このシステムはどうやら犯罪率を多少減らす効果があったようです。しかしながら、本書執筆時点（2013年）ではまだ最終的な分析は出ていません。

サンタクルーズ市と同様に、メンフィス市も2000年代での犯罪増加に悩まされていました。しかし、給与の凍結や予算難のために、問題解決を警察増員に頼るわけにはいきませんでした。そこで2005年に、第5章でも述べたとおり、メンフィス市警はIBMと協力して、ブルー・クラッシュ（統計履歴による犯罪の削減）というシステムを開発しました。10年近くも遡った警察報告書や、現場の警官が携帯機器でリアルタイムに更新したデータなどを駆使して、このシステムは犯罪とその発生場所、そしてその建物が空き家かどうかというような他の変数との相関関係を見いだそうとするものです。どこをパトロールするべきかを警察に知らせるだけではなく、監視カメラをどこに設置し、いつモニターすべきかといった効率の改善にも役立っています。ブルー・

クラッシュの使用で、メンフィス市では重大犯罪が全体で30パーセント、凶悪犯罪が15パーセント減りました。

警察当局が調べたい質問のタイプや配分できる資源に応じて、犯罪データを分析するアプローチやモデルは多種多様になっています。これらのシステムは犯罪低減だけでなく、サンタクルーズ市やメンフィス市のような財政が逼迫した自治体に、限られた警察資源を有効に振り分ける方法を提供しています。

V. 結論

交通データと犯罪データは共に、予測のモデルを展開するための豊富な土壌だと言えます。より効率的な避難や緊急時の対応、病原菌の追跡などは交通データの幅広い用途のほんの一部にすぎません。不測の交通現象の予測のために開発された「サプライズのモデル化」は、犯罪を含む他の分野でも適用できます。

とりわけ犯罪予想システムを開発する際に重点的に配慮しなければならないのは、こういうシステムがどういう方法で運用され、高い犯罪率に悩むコミュニティにどう影響するかを考えることです。犯罪多発地区をパトロールする警官が自分の勘や常識に頼りながらそのパトロールの道筋を決めるのは目新しいことではありません。しかし、警官を一定の場所に配置し、トラブルの発生を待つということは今までになかったことです。適切な訓練や監督なしに運用されれば、このようなシステムは特定の人間のプロファイリング、無実な市民のハラスメント、果ては不必要な逮捕につながりかねません。犯罪予想システムの威力と可能性は絶大であり、その需要が今後も高くなることが見込まれるからこそ、その運用条件がいかに重要であるかを肝に銘じなければなりません。新しいテクノロジーを打ち出す前に、コミュニティのリーダーたちをその検討に参加させることが肝要でしょう。そのプロセスを通じて、信頼関係を構築したり地域の懸念を吸い上げるだけではなく、現地の人々の洞察を犯罪データの信憑性向上のためにも活用できるでしょう。それは、このようなプログラムの全体的な成功を保障するうえでも、市民を尊重したアプローチを作り上げ、違法な活動の実態を確認するための賢い方法だと言えます。

Ⅳ

国家（100万人から1億人まで）のスケール

第7章　国の脈を測る
国勢調査、携帯電話、そしてインターネットの巨人たち

　リアリティ・マイニングのスケールが上がるにつれ、国家、大企業、国際組織がデータの収集、編集、普及に重要な役割を担うようになります。この国家的スケールにおいては、研究機関と企業は国勢調査、通話記録や、グーグル、フェイスブック、ツイッターのような大手インターネット企業、そして（限定ではありますが）銀行の情報、といった幅広いデータソースにアクセスできます。当然、これらのデータの入手しやすさにはばらつきがあります。

　最も入手しやすいのは国勢調査のデータです。たくさんの国が国勢調査の結果をウェブサイトで公開しており、データのダウンロードや分析用の可視化ができるようにしています。加えて、世界銀行は国際的な調査を行って加盟国の国勢データを編集しており、加盟諸国に関する情報のデパートのような様相を呈しています。これらのデータは公開されており、ダウンロードし、独自に分類、分析できるようになっています。重要なのは、世界銀行は、プログラマーたちが各種データをソフトウェア・アプリケーションに組み込めるような公開ＡＰＩも提供していることで

す。世界銀行のデータを使って、グーグルはその検索結果に簡単な可視化ツールをつけています。こうして、ボツワナの人口を検索すると、何十年にもわたる同国の人口推移を示す数値、世界銀行の日付けつきの出典情報、グラフが表示されるのです。

もうひとつ、特に一つの国や地域内での人間の移動形態を理解するのに役立つデータとして注目されはじめているのがCDR（通話データ記録 Call Data Recordsあるいは通話詳細記録 Call Detail Records）です。ただし、国勢調査や世界銀行データと違って、CDRは一般企業や研究者が簡単に入手できるものではありません。

データセットとしてのCDRには、通話や文字メッセージを含む通信記録のほかにも、発信者と受信者の情報、通信と通話の時間、場所と（通話の場合）その長さを含むトランザクション［通話の発信者と受信者双方に関する記録処理］データが入っています。そもそもCDRは請求書作成のために用いられてきたのですが、2005年からインターネット接続サービス業者や大学の研究者たちが、とりわけ人間の移動形態のモデル作りにおけるこのデータの価値に注目しはじめました。一部の研究者や企業は、さまざまな制限を伴いながらも、通信キャリア［携帯電話通信業者とも表記される。日本ではNTT DoCoMo、ソフトバンク、auなどが大手の通信キャリア］のデータを使わせてもらうための協定を結んでいます。個人や財産に関する情報はいっさい公開されないとはっきり定めた協定のもとに、匿名化されたCDRの共有に同意する通信キャリアもあります。このような協定には、研究者がデータを提供する事業者に対して、たとえば自社サービスの加入契約の解消や他社製品の採用の度合いを示す「チャーン」［次々にサービスを乗り換えていく顧客のこと］を予想するモデルの開発といった、その分析計画の価値を証明するよう求める規定が入る場合もあります。

グーグル、フェイスブック、ツイッターといった大手のインターネットデータ収集産業の重要性が初めて明らかになるのも、この国家スケールからです。これらの企業はその利用者である個人、地域社会、政府といったさまざまなスケールに大きな影響を及ぼしますが、大規模データの収集ツールとしてのその効力は国家スケールに立ったときに初めてその全容を現します。インターネット企業が集めたデータの明らかな用途はターゲティング広告〔推測された個々人の関心や嗜好と一致する種類の広告を表示する広告配信技術〕ですが、同じデータはターゲットを定めた市場調査や伝染病の追跡（第10章）のような、まだ開拓されていない可能性も秘めています。ほとんどのユーザーによる入力をリアルタイムで公開するように設計されているツイッターは、国民の感情の計測や、災害や緊急時の資源配分などに使うことができます。

グーグル、フェイスブック、ツイッター用の一部のアプリケーションは第8章で詳しく検討します。これらの国際企業の影響は世界スケールにも及んでいるので、第10章でも取り上げます。本書の第4部も第5部も、CDR、IT企業が所有するデータセット、銀行のデータなど、国家スケールでも世界スケールでも収集され、両スケールでのアプリケーションに使用できるタイプのデータを取り扱っています。本章では、国家スケールで収集されたデータに光を当て、これらのデータにどのようにアクセスできるかを見ていきます。本章ではまた、匿名化されたCDRの利用を中心にプライバシー問題も見ていきます。個人を識別する情報が記録から削除されていても、国勢データのような簡単にアクセスできる公開情報と照合すれば、個人のアイデンティティの再構築は可能です。研究者や企業が匿名性を保ちながらCDRにアクセスできる、現在発展中の有望なアプローチについても言及します。

I．国勢調査と世論調査：市民のパブリックな記録

今日、ほとんどの国は国勢調査を行い、その多くのデータをウェブサイト上で公表しています。アメリカ政府の場合は、アメリカン・ファクト・ファインダー[*1]（American Fact Finder）というサイトでデータを提供しており、項目別（年齢、所得など）、地理別（州、郡など）、人種、民族や部族、産業、製品、商品名などで検索できるようになっています。国勢調査データに加えて、5年に一度実施される経済国勢調査（Economic Census）や、州、郡、市町村単位の最新の人口推計を発表する「人口推計プログラム（Population Estimates Program）」といった他の調査データのダウンロードも可能です[*2]。

２００９年にアメリカ政府は、政府各部門を横断する44万５０００件以上の「生《なま》」の地理空間データセットを提供するデータ・ドット・ガヴ（data.gov）［.govは政府を意味するgovernmentを表すドメインで、アメリカの公官庁のウェブサイトで採用されている］というオンラインのデータ検索サイトを立ち上げました。そのカバーする分野はビジネス、芸術、レジャーと旅行、選挙、対外援助、運輸、福祉など、多岐に及んでいます[*3]。この中のデータセットを数例挙げると、「性別／人種別の個人トレンド」「アメリカ国内の稼働中の鉱山と鉱業プラント」「銀行のデリバティブ活動の4半期報告」「野生馬とロバの頭数統計」などがあります。データは、XML、Text/CSV、KML/KMZ、Feeds、XLS、ESRI Shapefileといった多様なフォーマットでダウンロードできるほか、すでにインタラクティブ［ユーザーの操作や入力に応じて表示が変化する］になっているいくつか

のデータセットには固有のAPIが提供されており、プログラマーは地図や図表をそのままウェブ・アプリケーションに組み込めます。[4]

国家スケールの公的なデータの最も豊富なコレクションの一つは世界銀行のものです。[5] この国際機関のデータカタログには、データベース、フォーマット済みの表、報告書などの情報資源があります。[6] 耕作地のパーセンテージから識字率まですべてを合計すると、そのサイトからダウンロードできる指標数は7000を超しています。さらに、200を超す国や経済組織、健康や気候変動のようなテーマ別、もしくはGDPやガソリン価格のような指標別などでデータを閲覧できるのもこのサイトの特徴です。

世界銀行の「開発データグループ[7]（Development Data Group）」は、データ収集と統計分析を指揮し、世界銀行による援助戦略の作成、貧困率の評価、その他の研究の実施などに供するために、複数のデータベースを管理しています。主なデータは187の加盟国[8]からのもので、これらの加盟国は世界銀行とそのパートナーたち[9]と協力して、それぞれの国の統計システム[10]の最大容量、効率と有効性の改善に取り組んでいます。

可能な限り最高のデータ水準で運営していると主張する世界銀行は、その統計システムの評価に二つの主要なフレームワークを使用しています。一般データ普及システム（General Data Dissemination System）とデータ品質評価フレームワーク（Data Quality Assessment Framework）です。どちらも国際通貨基金（ＩＭＦ）と共同開発したものです。[11] こうしたシステムを運用しながらも、各加盟国の報告のタイミングや慣習が異なるために、世界銀行はそのデータに不一致があることを認めています。各国のすべてのデータは伝統的な調査方法で収集されているので、比較的まばらなデータセットができあがってしまいます。このため、世界銀行はデータセットを組み合わせる際には慎重を期するよう勧告しています。世界銀行自身は、データセット間の比較をできるだけ正確に行うために、経済データ、成長率の計算や為替レートに影響されがちな換算率などといったデータを集約する方法を提供しています*[12]。

世界銀行のサイトでデータセットをサーチしたり、表などをダウンロードしたりするほかにも、指標、プロジェクト（世界銀行の活動に関するデータ）、そして世界銀行の金融データという三つの用途に分けられたAPIからデータにアクセスすることもできます*[13]。これらのAPIで、調整可能なパラメータの範囲内のクエリ［特定のデータを検索するためにAPIに対して投げる質問］を通じて、3000を超す指標へのプログラムによるアクセスができます。世界銀行は50年前からの多くのデータセットへのAPIアクセスを提供しており、それによってアクセスできるデータは、終了したプロジェクトのもの、稼働中のプロジェクトのもの、そして進行中のプロジェクトのものというように分類されています。

グーグルは世界銀行のデータをグーグル・パブリック・データ・エクスプローラー（Google Public Data Explorer）という視覚化と比較のツールに組み込み、世界銀行の記録やその他の60に上るパブリックなデータセットのデータを操作できるようにしました*[14]。しかし、データをダウンロードして高度な分析を行うためには、実際のデータセットを個別のウェブサイトから取得しなければなりません。

Ⅱ．通話データ記録（ＣＤＲ）：発信者番号の先にあるもの

請求書の作成や自社が管理するネットワークの通話量の負荷を把握する目的で、通信キャリアは顧客の電話使用記録をとっています。このようなＣＤＲはとりわけ、音声やテキストの発信時間とだいたいの場所（基地局ＩＤから推測）と受信者の情報を含んでいます。携帯電話が普及したおかげで、移動形態の調査をする人には、ＣＤＲはとても魅力的な位置情報源になりました。さらに、多くの労力を費やしても人口のほんの一部しかサンプルできない従来の調査方法と比べ、ＣＤＲは低コストで位置情報が取得できるメリットがあります。

近年、インターネット接続サービス業者や大学、そして新興企業の研究者たちは、このようなデータが人間の移動形態や社会的ネットワークのモデルをいかに規定するかということに関心を払い始めています（第８章で、ＣＤＲに基づいたモデルの具体的なアプリケーションを紹介します）。けれども、ほとんどの研究者や企業にとって、ＣＤＲデータにアクセスすること自体が大きな困難を伴います。プライバシーへの配慮や所有権の問題を理由に、通信キャリアはそのデータを一般公開していません。多くの場合、このデータにアクセスできるのは、特殊な分析手法を提供したり、モデルを改良したり、顧客がいつ契約を解除するか予測するといった通信キャリアに役に立つ価値を提案できたりする研究者に限られています。携帯電話会社のニーズに直結しない目的のためにＣＤＲを使いたい研究者や企業は、直接その事業者の役に立つ何らかの研究にも時間を費やさないといけないでしょう。

通信キャリアがこのようなデータを共有したがらない理由の一つとして、プライバシーへの配

慮をめぐる企業イメージの問題があります。２００５年に『ニューヨークタイムズ』は、米国政府が国家安全保障を理由に大手通信キャリアのＡＴ＆ＴからＣＤＲを収集する政府系プログラムを認可したことを問題にしました。そして近年、国家安全保障局（National Security Agency＝ＮＳＡ）のプリズム（ＰＲＩＳＭ）というデータ収集プログラムの存在が暴露され、このような記録に対する世論の関心も高まってきました。関連する訴訟も起きていて、その数件で政府は不法な監視を行ったかどで有罪となりましたが、他の件では裁判の手続き上の不備を理由に却下されました。*15

令状なしに政府が特定の顧客のＣＤＲを捜索することと、研究者がＣＤＲを使って人口のマクロな行動のモデルを作ることとは性質が異なるとはいえ、通信キャリアはデータを広く公開することにまだ二の足を踏んでいます。たとえ大きなデータセットが匿名化され、電話番号や携帯電話の認識コードが削除されても、個人のアイデンティティを再構築することは可能だからです。姓名、住所、社会保険番号などのデリケートな情報が入手できなくても、性別、生年月日、郵便番号などのわずかな手がかりがあれば、個人を識別することが可能であることを、過去の研究が示しています。これらの手がかりを国勢調査データと照合すれば、アメリカ全人口の63％から87％（国勢調査の年にもよります）を個別に識別できることがわかっています。*16

ＣＤＲの匿名性を消失させる一例として、電話会社スプリント（Sprint）の研究チームはアメリカ全国50州の２５００万人のモバイルユーザーがかけた３００億本の通話データを分析しました。彼らは各ユーザーが最も頻繁に位置していた場所を推定し、それを公開されている国勢調査データと相関させました。そこから導かれた結論は、携帯電話位置に基づく「自宅」や「職場」

といった最も頻繁に訪れていた位置を定めるための時間さえかければ、ほとんどすべてのユーザーが識別できるということでした。彼らの意見では、匿名性を保ちたければ、少なくともデータを時空間的にぼかさなければなりません。つまり、データが収集される期間は一カ月とかではなく一日に限定し、収集される空間も一個の基地局の範囲を越える広いエリアが良いということです[*17]。

AT&Tの研究チームでは、プライバシーを保ちながらも、価値の高いCDRのような情報を一般に開放できないかと試みています。プリンストン大学のシブレン・アイザックマン(Sibren Isaacman)とAT&Tのラモン・カセレス(Ramón Cáceres)はWHERE(Work and Home Extracted Regions)と名づけられたプロジェクトで、特定の都市のモバイルユーザーの合成モデルの開発を行っています。AT&Tが記録した空間入力と、実経験のデータから得られた時間的確率分布を使って、WHEREはモバイルユーザーのデータを合成します。合成的なCDRはすでにニューヨーク市とロサンゼルス市の都心エリアで作られ、すでにその有効性は対象都市の何十万もの電話の何十億もの匿名的な位置サンプルで検証されています。このような合成CDRの利点は、実際の個々人のデータを使っていないので、個人のプライバシーを保つことができることです。そのうえ、研究者たちによれば、WHEREは携帯電話データをモデル化する他のどのアプローチよりも正確です(一例として、一日の移動統計の誤差は1・6キロ〔1マイル〕以内)。まだまだ研究段階ではありますが、このようなプロジェクトによって、CDRに含まれているデータへの広範囲なアクセスが実現されるでしょう[*18]。

Ⅲ．グーグル、フェイスブック、ツイッター

この三つのIT大企業については説明の必要はないでしょうが、各社が収集するデータの特徴やそのデータへの一般からのアクセスの違いについて述べることは重要だと思います。ユーザーが何を検索したかを単にモニターしていたその初期段階以来、グーグルのデータ収集はめざましく拡張しました。Gmail、Google+の社会的ネットワーク、YouTube、ウェブブラウザのクローム（Chrome）などの多様なタイプのウェブサービスを展開するに至り、グーグルはかつてないほど多くの個人ユーザーのデータにアクセスできるようになりました。Chromeで「Instant」（インスタント）という機能を起動すると、同社はブラウザに入力される検索やURLの記録をとります。そのうえ、広告用に、グーグルはYouTubeで閲覧されたビデオ、Google+での活動、Gmailで送られたメールのテキストなどを記録します[*19]。

一般の人がグーグルの検索用語や顧客データの全体を収集するのは無理ですが、それを垣間見る方法はあります。たとえばAdSense（アドセンス）に加入すれば、Gmailのメールでやりとりされている一部の言葉やフレーズを発見することができます。これらの言葉やフレーズを広告に使うために競争相手に競り勝てば、インターネット接続サービス業者の検索《ルックアップ》を通じてGmail上でその広告を受け取る人々の位置と数を見ることができます。こうして、世界中の傾向や心情を示しうる特定のメール文章の流行を見つけることができます。

グーグルと同様、フェイスブックも広告ネットワークを提供しており、広告を作るときに、それに紐づけるキーワードを選べるようになっています。その広告はこれらのキーワードが入って

いるプロフィールの人たちの画面に表示されます。こうして、幅広い人口属性をまとめてターゲットすることができるほか、位置（町、州、県、国など）、人口属性（年齢層、性別、言語、人間関係）、好みと趣味、教育、職業など、一人の人間のプロフィールから得られた特定情報に的を絞ることも可能となります。[*20] 同社は広告主に対して広告を見る個々のユーザーの識別情報は提供しませんが、広告の基準にマッチするプロフィールの数がわかる指標を提供しています。

グーグルのAdSenseとフェイスブックは、どちらも一クリック当たりのコスト（Cost per click=ＣＰＣ）に基づくか、インプレッション当たりコスト（Cost per thousand impressions=ＣＰＭ）に基づくかという2種類の広告があります。二つともそれぞれのサービスのウェブサイト上で、入札方式で購入できます。製品やサービスを広告する企業に両社は広告に関する指標を提供します。この指標には、広告がクリックされた回数（単位：クリック）、クリック数にかかわらずあるユーザーに広告が提示された回数（単位：インプレッション）、広告がクリックされた回数を広告が示された回数で割った数（クリック率=click through rate）、そして広告へのクリックごとに支払われる金額（クリック単価=ＣＰＣ）などがあります。両社はまた、広告がどれだけのメールやプロフィール画面に表示されたかといった一般的な集計も提供します。この情報を収集すれば、各人口属性における特定の製品に対する受け止め方を把握できます。

フェイスブックはまたＡＰＩを提供して、プログラマーたちがフェイスブック・ユーザーのプロフィールと接続するアプリケーションを作れるようにしました。[*21] このようなアプリケーションを使って、プログラマーたちはフェイスブックの利用者が自分のプライバシー設定で許可している範囲内の情報を入手できます。その情報とは電話番号、連絡先リスト、ステータス・アップデート、その他の識別情報を含んでいます。

ソーシャルゲーム企業のジンガ[*22]（Zynga）の製品に代表されるフェイスブック上で最も人気のあるアプリの一部は、個人識別情報だけではなく、ゲームをプレイする人の習慣や行動も収集します。何百ものアプリ[*23]が何百万人ものユーザーを獲得するに至った背景には、口コミで広がったり満足できる報酬を提供する特定の機能を提供していることが見てとれます。情報を収集するアプリをデザインしただけでは不十分です。そのアプリは、有用と呼べるぐらい大きなサンプルサイズを提供できるまで人気を得なくてはいけません。しかし、このようなアプリケーションだけでは、ユーザーデータの有意なサンプルが測れるほどまでに利用者を増やすのは一般的には難しいと言えます。

ツイッターがグーグルとフェイスブックと大きく異なるのは、ほとんどのユーザーデータが公開されていることです。ツイッター・ファイヤーホース（Twitter fire hose）というツイッターが提供しているＡＰＩは、一部のツイート［つぶやき、ツイッターにおける単一の投稿単位］に位置データが入っていることを利用して、一国の国民の総体的な感情を分析できるほど大規模なデータの流れにアクセスできるようにしています。第12章では、ツイッター分析専用のアプリケーションや、国家スケールのトレンドの理解にこの技術がどのように使われているのかを集中的に見ていきます。しかしながら、ツイッターのデータに関する最大の挑戦課題は、雑音《ノイズ》からいかに意味のある信号《シグナル》を見つけ出すかということです。ツイートには、会話の断片、リンク、ハッシュタグ、略字といった構造化されていない情報が含まれているので、その解析は大きなチャレンジとなるでしょう。

Ⅳ．銀行取引

銀行取引も国家スケールの情報源の一つですが、商業取引のデータにアクセスするのはほぼ不可能であることに留意しなければなりません。銀行がデータ解析を使うのは、不正監視や、顧客が他行へ移るのを予測したり、消費習慣やリスクに応じて金利を調整したりするためです。研究者や企業にとって、顧客の消費データは移動形態や意思決定プロセスへの強力な洞察を提供してくれる可能性を秘めています。特定の顧客の「位置」は「買い物」という特定行動につながるので、研究者たちはそこから、ある個人の経済的な活動のキメの細かい全体像を浮き彫りにし、CDRでさえ得られないような洞察を得ることができます。

２００８年に、バンク・オブ・アメリカはＭＩＴの協力のもとで、研究者たちに８０００万件もの顧客取引のデータベースを調べてもらいました。その研究者の一人であるキャサリン・クルム（Katherine Krumme）はとりわけ２００６年から２００９年までの1万人の顧客のサンプルに焦点を当てましたが、そのサンプルで扱われた指標は、取引データ、金額、取引に使われたのが小切手、キャッシュカード、クレジットカードのいずれだったか、取引業者、業者の分類コード、そして取引がオンラインかオフラインだったかなどが含まれていました。この研究で調べられた取引額は一カ月３００億から３５０億ドルに達していました。[*24]

これは好奇心が強いだけの研究所では手に入らない類いのデータです。しかし、ノースカロライナ州のトレサタ（Tresata）社のようなビジネス目標が明確に定まっている新興企業が、金融機関特有の構造化されたデータと非構造的なデータに特に焦点を当てたデータ解析プラットフォームを提供することによって、大銀行のパートナーになれるというケースが出てきています。[25]

インテュイット（Intuit）社傘下のミント[26]（Mint）という金融企業は、顧客のオンライン消費を追跡する消費者用のサービスを展開することによって、金融取引の流れを直接的に把握することに成功しました。４００万人の顧客を擁する同社はお金の使い方を可視化して、クレジットカードをはじめとする商品を売り込みますが、同時にその顧客たちの取引状況にも直接アクセスしています。この情報をもって、同社は個人の消費パターンにターゲットした商品を広告します。同社は４００万人もの顧客データ持っているので、経済全体の健康状態へのマクロ的な洞察を提供したり、個々の顧客が関心を持ちそうなクレジットカードの種類といったこと以上の大規模な予測を行ったりすることも可能でしょう。

Ⅴ．結論

国勢調査のようなパブリックに入手可能なものを超えたデータにアクセスするには、それなりのチャレンジがあることは確かですが、そのチャンスはゼロではありません。ほとんどの人に入手不可能になっている通話データ記録（ＣＤＲ）でも、いくつかの大学がすでに示しているように、通信キャリアが自らの記録を解析してくれそうな新興企業との協力に価値を見いだすにつれ、制御された形で共有できるようになりました。ＷＨＥＲＥのような合成的なデータセットも、都市の枠を超えて広く適用されれば、重要なツールとなるでしょう。

一定の検索用語を使い、一定の趣味や関心を持つ、各種の人口属性や地域をまたいだ人々をターゲットした広告を作ったり、その表示枠を買いたい人に、グーグルとフェイスブックは豊富なデータを提供しています。これは人口属性や地域をまたいだ、比較的未着手の非常に特定的なデータソースです。同様に、その解析がより困難であるとはいえ、ツイッターも洞察に富む利用しやすい情報を提供しています。

現時点で、大銀行のデータは最もアクセスしにくいものですが、金融産業が研究者や新興企業との協力を考える際、通信キャリアのケースは参考になるでしょう。リアリティ・マイニングの実践者の中には、金融機関に有益な総合的金融データセットを提供してくれるところもあるでしょう。大手金融機関のデータはまだ当分の間、一般向けアプリケーションに提供されることはないでしょうが、この分野は今後も注目に値します。同じように、このスケールでのデータのアプリケーションが増えるにつれ、データを保護する向きも徐々に増えてくるでしょう。次の章で、このようなデータに適用できそうなアプリケーションについて述べます。

第8章　エンジニアリングと方針
国民感情、経済赤字、そして災害

国で蓄積したデータは資源配分や政策デザインを理解するうえできわめて重要ですが、そのデータを有意義にする方法を見つけることも常に大きな問題です。国勢調査、data.govや世界銀行データは国家スケールの人口集団に関する重要な洞察を提供してくれますが、その洞察はだいたい静的なものが多いです。これらの情報源は、従来のデータ収集手法のルールに制限される形で、時空間上のスナップショットを提供することに止まっています。しかし、タイムライン、地図、図表などのデータ可視化手法を通じて、政策決定者やNGOは大規模で動的なデータを切り貼りさせたり、相関させたりする方法を知ることができます。それによって、貧困層や社会的弱者に対するサービスの改善や有権者の行動の理解、そして隠れた初期投資機会の発掘などの成果が考えられます。

以上のようなデータの応用方法を探るための可視化にはさまざまな形があります。グーグルが提供しているグーグル・パブリック・データ・エクスプローラーは、世界銀行の情報をはじめとしたデータセットを使って、さまざまな統計を時系列で比較します。data.govはアメリカ政府や民間の、多くの場合データを地図上に重ねる形式のデータ可視化ツールへのリンクを提供しています。

デヴェロップメント・シード（Development Seed）というデータ可視化のチームは世界銀行データを中心に使って、インタラクティブな地図を作っています。そこから派生したマップボックス（Mapbox）というプロジェクトはオープンデータから簡単かつ迅速にインタラクティブな地図を作れるようにしています。デヴェロップメント・シードのデータ可視化は通常、主要な問題の特定、機会の戦略化、解決法の構築、広報のデザインなど、特定の目的をもって行われるものです[*1]。このような可視化の具体例としては、「アフリカの角」［アフリカ最東北端、ソマリア、ジブチ、エチオピア付近］での飢餓の傾向やアフガニスタンにおける選挙、などがあります。

国家スケールでは、データセットの主な差別化要因の一つはその更新速度です。国勢調査や世界銀行のデータはゆっくりとしか更新しませんが、携帯電話のデータは高速に更新されます。第7章で見たＣＤＲは移動情報をほぼリアルタイムで出してくれます。携帯電話からの新しい移動情報をＣＤＲの履歴と組み合わせれば、移動形態と移動ネットワークが浮き上がってきます。この情報をもって、たとえば貧困地区の人口移動を主食の価格に相関させるといったことができます。最終的には、モデルを使って人口流入を予測し、必要な資源を適切な時間で適切な場所に振り分けることなども考えられます。

国勢調査とＣＤＲのデータ解析を検討するほか、この章では、グーグルとフェイスブックの広告ネットワークを使って、国家スケールでの各人口層の感情をリアルタイムに収集するアプローチも調べます。これはある意味では個々人に特化された世論調査のようなもので、あなたの広告と関連の高そうな検索用語やプロフィールのキーワードを指定した質問を行い、指標をモニターすれば良いのです。こうして、単一変数に基づく一連の調査を作って、特定の人口層が何を感じているのかを探ることができます。たとえば、選挙の前に、特殊な候補者のフェイスブックプロフィールに「いいね!」した人を探り出すことができます。

さらに、この章では、世界第4位のツイッター市場であるインドネシアでのツイートを収集して、同国民のストレス要素を理解しようとする国連のグローバル・パルス（United Nations Global Pulse）プロジェクトを見ていきます。このプロジェクトでは、テキスト解析に基づいて、ストレスを示す、燃料、食料、借金、その他の要素に関わる感情を例示して、社会的な危機を未然に予知できます。

最後に、盛んになってきた金融データ分析におけるアプリケーションを検討します。アクセスしにくい金融データセットの中でも、とりわけリアルタイムで収集し、分析されたものは、一国の経済的な健康状態と満足度の手がかりを瞬間的に提供してくれます。

I．人口動態のスナップショット

国の公共政策をつくるとき、さまざまな地方のニーズ、資源や人口動態に関する量的データを把握することが肝要になります。

しかし、世界銀行には200数カ国から上がってきた、教育水準から軍事費までを網羅した7000以上もの指標があり、その中から最も重要な情報を見つけ出すことは困難を伴います。[*2] 各データセットの理解を助けるため、世界銀行は、団体や個別のプログラマーがデータ源にアクセスできるAPI[*3]を提供しています。グーグル・パブリック・データ・エクスプローラーは簡単にアクセスでき、簡便に使える同APIの活用方法の一例です。[*4] 世界銀行のデータを他の60件もの公開データセットと組み合わせることによって、このインタラクティブなツールは、時系列のトレンドを観察し、さまざまな国とさまざまな統計を比較し、「どの国の識字率が上がっているか」「そのことがGDPの推移にどう関連しているか」といった質問に答えることができます。

ワシントンDCに本拠を置くデータ可視化組織デヴェロップメント・シード（Developmentseed）はグーグルと異なるアプローチをとり、特定の問題に焦点を当てるように様式化された、視覚的にも説得力のある地図や図表を作っています。そのうえ、この組織のプログラマーとデザイナーはパートナー組織と協力して、質問に視覚的な答えを提供し、政策決定に影響するための最良の方法を見つけ出そうとしています。同組織が最近公開したマップボックスは、一般の人でもいろいろなオープンデータセットのマッピングを簡単に迅速に行えるようにする試みです。

デヴェロップメント・シードのマップボックスプロジェクトの効力を示す例として、干ばつ、紛争と食糧価格の高騰といった災難が一度に起こり、1300万人が被災した2011年の「アフリカの角」の大飢饉の影響をマップした［マップするとは、データを地図上に配置することを意味する］ものがあります。同組織は、アメリカ合衆国国際開発庁（USAID）と国際連合人道問題調整事務所（UN OCHA）のデータを使って、進行中の飢饉レベルとその予測や、干ばつ状況の地図を作りました。これらの地図は修正可能なので、誰でも既存情報の上に新しい情報を載せることができます。しかし、その主な目的はあくまでも飢饉について広く衆知することによって、寄附を世界食糧計画（WFP）に集めることでした[*5]。

人口、経済、政党支持率、宗教、その他の指標の増減や一般的推移を表す時系列上の履歴データや傾向は、ジャーナリストや政策担当者からも注目されています。デヴェロップメント・シードはナショナル・パブリック・ラジオ（National Public Radio＝NPR）［アメリカの全国公共ラジオ］と協力して、アメリカ全土の人口の変化を示しましたが、とりわけヒスパニック系の増加と、州や郡単位でのその分布に重点を置きました[*6]。政治、社会、経済などを展望したり文脈を示す報道を行う際に、このようなデータが重要となってきます。

もう一つのデヴェロップメント・シードのプロジェクトはインタラクティブな地図に基づいた合衆国の「機会インデックス（Opportunity Index）」です。これは各州や各郡が、失業率、世帯所得、高速インターネットへの加入、教育水準、ボランティア、健康的食品の摂取などを含むさまざまな指標でどのような成績を上げているのかを表すものです[*7]。これらの指標は人々の転職の支援や、政府や企業の各産業分野における改善計画を促すのに使うことができるでしょう。

デヴェロップメント・シードはまた、世界中の気温変化や降水変化を予測する気候変動の地図を開発しました。特定地域の産業や所得状況を示す世界銀行データと組み合わせると、この地図は、洪水や不作といった天変地異を含む気候変動と関連した経済的トラブルを予測する強力なツールとなります[8]。

気候変動の効果と関連する他のデータソースと連動した地図は、気候変動によって引き起こされるコストの軽減に努める活動家、科学者や政治家にとって強力なツールとなるでしょう。投資家もこのようなデータから、気候変動が大きな影響を及ぼす地域でのビジネスチャンスを見つけられるはずです。海水面の上昇は、たとえば、水害防止の堤防を作る建設会社には絶好の機会と映るでしょう。より一般的には、これらの地図とデータセットは、温室効果ガス排出の減少や、気候への影響が少ない技術の開発などの必要性を国境を越えてアピールするのに使えます。

Ⅱ．移動形態の重要性

国勢調査、世界銀行や他の政府データセットはゆっくり推移する社会的かつ経済的なトレンドを表すうえで重要ですが、精密さや即時性に欠けています。CDRはこのギャップを埋めることができます。CDRは一つの地域や国にわたる移動形態と社会的ネットワークの近似値を提供できるので、人間の行動をモデル化し、その行動の変化をすばやく察知し、先の変化を予想するのに使えます。CDRを使った基礎研究から、人々の他人との接し方（実生活での社会的ネットワークのつながり）や旅行の仕方のパターンが判明しました。最終的には、CDRの分析は特定のシナリオに適用されるでしょう。たとえば、CDR分析から、政府がスラム街のような非定住地区の動力学を理解できれば、より効率的に資源を配分したり、こうした地区における地震などの自然災害の影響を予測することもできるでしょう。

ＣＤＲに関する初期研究で広く注目される二つの論文があります。アルバート＝ラスロ・バラバシ（Albert-Laszlo Barabasi）のチームが２００７年[9]と２００８年[10]に『ネイチャー』誌で発表したもので、人間の社会的ネットワークや物理的移動形態の動力学を示す詳細な指標としてＣＤＲが持つ可能性を説明しています。

２００７年の論文は社会的ネットワークの推移を扱ったものですが、企業名は公表されなかったある通信キャリアの、40億人もの利用者の匿名の通話記録を使ったものです。このデータを使って、研究チームは時系列上の小グループ（友人サークル、家族、職場の派閥など）と大グループ（学校、機関、会社のような重複するコミュニティ）の異なる動力学を探りました。その結果、一定の期間内での構成員の交代が少ない場合には小グループのほうが安定し、逆に、サイズや構成に変動があったときは大グループのほうが安定することがわかりました。[11]

２００８年の論文は匿名の携帯電話ユーザー10万人の移動形態の動力学に焦点を当てました。この研究以前、レヴィフライト（Lévy flight）とランダムウォーク［ランダムウォークは乱歩・酔歩とも呼ばれる数学のモデルで、次に現れる位置がランダムつまり無作為に決定される運動。レヴィフライトとは一歩ずつの長さも一定の確率分布にしたがって変化するランダムウォークの形式］というモデルを使った人間の移動形態予測では、個人の時空上の規則性を過小予測していました。[12] ＣＤＲから収集した位置データは、過去の移動パターンに個人差があるにもかかわらず、個人が単純で再現可能なパターンをたどる傾向を示しています。[13] ２０１０年に『サイエンス』誌に掲載された論文で、バラバシのチームは、旅行の回数や目的地の多様性にもかかわらず、たいていの人の移動形態は約93％予測できることを示しています。そして、ＣＤＲデータに基づくモデルを使えば、最も一貫性のないパターンの旅行者でも、その移動形態を80％予測できると言います。[14]

バラバシのチームの研究はＣＤＲデータセットの持つ大きな可能性を明らかにしました。実生活に適用された場合、ＣＤＲは、普通ならわかりにくい社会的、環境的、経済的局面を照らし出すことができます。

世界中で10億人以上の人々が、貧困、土ぼこり、粗末な住居などによって特徴づけられる20万以上もの貧民区（スラム）で生活しています。このような人たちのうち数億人は携帯電話を使っているので、スラム街の住人の日別、月別もしくは年間単位での移動パターンの動的なイメージが得られます。このような移動モデルは貧民区の動力学の確認や修正にも役立ちます。たとえば、貧民区の人口や移動形態は近隣都市にどう影響するのか、または、何が貧民区の人口を増減させるのか。このような質問に答えることで、さまざまな組織が支援方法を考え、定住場所を見つける有効な動機づけの方法をデザインすることができるのです。

エイミー・ウェソロースキー（Amy Wesolowski）とネイサン・イーグルは携帯電話の記録を使って、ナイロビ都心の南西にあるキベラという世界最大の貧民区を調べました。彼らはキベラを出入りする人々の移動パターンを見つけ、そこから職場や部族を推定することができました。中でも大きな発見の一つは住民たちの移動率の高さでした。住民の約半分は少なくとも一カ月に一回は夜を過ごす場所を変えていたのです。このチームはまた、新しい居住場所や特定の部族への帰属、働く地域を推論しようとしましたが、それらの月々の重複が少ないことに気づきました。彼らは、多くの人々がおそらくは仕事のためにと日中過ごす場所を「経済的足がかり」と呼び、そのような場所を時間軸上で追跡しました[*15]。

この研究チームは、このような経済的機会が発生する場所のパターンを特定すれば、新しい貧民区の位置、貧民区ごとの成長度合い、近隣する都市部の成長への影響などを推定できる貧民区の動力学の予想モデルを作れると示唆しています。地方自治体が貧民区の福祉に振り分ける財源はたいてい限られているので、貧民区が時間とともにどう変化するかのより良い理解を組み立てられれば、浄水管や公衆トイレをどこに配置するかといったインフラ整備の最適な場所を決めることができます。

貧民区のような長期的チャレンジの移動形態モデルを提供するほか、CDRは地震のような深刻な災害への最良な対応にも手がかりを与えてくれます。イーグルのチームは、2008年2月にコンゴ民主共和国のキヴ湖地方で起きた地震の結果、通話記録にどのような変化があったかを調べました。ある基準に基づいたCDRの変化を使って、地震の発生時間、震源地の特定や、救助が必要かもしれないことを示す通話行動の異常が起きた地方などを探りました[*16]。このような目的のためにCDRを使えるということは、自然災害の予想分析が既存の通信インフラでも可能であり、飢饉や疫病の伝播を軽減する事前対策にもつなげられることを示しています。

2012年に、サハラ以南のアフリカで5歳未満の子供100万人以上がマラリアで命を落としました。各国政府や保健機関がこの伝染病の広がりを制御できなかった主な理由は、マラリアの宿主である人間が、その地域の（あまり研究されていない）各共同体間をどのように移動しているかという理解に欠けていたからです。ケニア政府保健省、現地の通信キャリアおよび世界的に著名なマラリア専門家との前例のないデータ共有の協力を通じて、イーグルのチームは、マラリア原虫が地域民衆の間を伝播する様子を定量化するには携帯電話ほど正確な方法はないとの確信を得ました[*17]。

いまや国家レベルでの人間の移動の度合いや規模、方向の計測が可能となりました。確かな情報に基づいた原虫リスクの地図と組み合わせることで、携帯電話データは特定の場所がマラリアに感染するリスクの度合いを、つまりマラリアのホットスポットを特定することを初めて可能にしました。このマラリアのホットスポットの発見はケニア国中のマラリア対策の資源の配分方法にも影響を与えました。従来の戦略から、人々の実際の移動パターンを見るデータを基にした新しい戦略に変えたため、当局はマラリア根絶に充てられた巨額の財源を上手に展開することができました。モバイルデータを伝染病やマラリアの専門知識に組み合わせる手法は、伝染病の伝播の追跡や予測、そして資源のスマートで効率的な配分への新しいアプローチを生み出しています。

Ⅲ．自分だけの世論調査アプリを作ろう

多くの場合、グーグルやフェイスブックで広告する人は、自分の会社へビジネスチャンスを呼び込もうとしているでしょう。しかし売り上げという目的以外にも、グーグルやフェイスブックの広告は、ネット上の感情や意見のリアルタイムなスナップショットを見せてくれる膨大なデータへの窓となる可能性も秘めています。グーグル・アドセンスもフェイスブック広告も、広告が到達する範囲（リーチ）に関する指標を提供しています。このような広告はグーグルでは選択され

たキーワードに、フェイスブックでは人口属性や関心にそれぞれ関連づけられているので、広告やキャンペーンを作成する人は、その広告を受け取った人に関する（匿名の）指標を取り出すことが可能です。

そのカラクリはこうです——「インフルエンザ」や「調子が悪い」といったキーワードでアドセンス広告を作るとします。そして、グーグルで検索されたり、Gmailなどのメールに現れるこのキーワードの指標が時間の経過とともにどう変化するかを観察します。たとえば、北半球で、インフルエンザが流行り出す秋や冬にこの広告を見る人の数が徐々に増えるでしょう。インターネット接続サービス事業者の検索《ルックアップ》を使えば、ある国のインフルエンザにかかったと思われる兆候を持つ人々の流れをマップし、ホットスポットやパターンを見つけることができます。さらに、その流行の規模と場所、または次の流行発生の力学的な要素の予想さえも可能となるでしょう。

このようなインフルエンザ追跡のアプローチには前例があります。ギュンター・アイゼンバッハ（Gunther Eysenbach）は2004年から2005年のカナダでのインフルエンザの季節にアドセンスを使いました。彼が作った広告は、誰かが「インフルエンザ」や「インフルエンザに似た症状」と検索すると現れるものでした。広告には、「あなたは風邪を引きましたか？　熱、胸部の不快感、だるい、痛み、頭痛、咳」というテキストが表示されており、クリックするとインフルエンザ患者に向けた啓発ウェブサイトにリンクしていました。その結果、この方法は、調査に協力することを約束した医師たちがインフルエンザを観測して報告するという従来の方法に比べ、よりタイムリー、正確かつはるかに低コスト（インフルエンザシーズンの期間を通じてトータルで365・

64カナダドル）であることを突き止めました。[*18]

一国内のインフルエンザを追跡する（本書第V部でグーグルのフルー・トレンズ［Flu Trends］のような世界規模のインフルエンザ追跡アプリケーションを検討します）ほかにも、アドセンスを使ったアプローチは政治分析やその他で人々の意見の調査が必要になる場合に使えます。2012年のアメリカ大統領選挙の際に、「オバマが勝ってほしい」というキーワードがタイプされると現れる広告と、「オバマが負けてほしい」のキーワードで現れる広告がそれぞれあったならば、それぞれの感情を持つ人々に関する代理的な指標とみなすことができたでしょう。

フェイスブックの広告システムがグーグルのそれと異なるのは、少なくとも本書を執筆している時点では、広告主はフェイスブックのユーザープロフィールのほんの一部の項目にしかアクセスできないことです。フェイスブック広告の利用規約によると、一個人はある人のプロフィールの特定情報をターゲットできるとしています。それは位置（市、州、県、国）、人口属性情報（年齢層、性別、言語、交友関係ステータス）、好みと趣味、教育と職業を含んでいます。[*19]この段階で、広告主はその人のステータス・アップデートやコメント内の言葉や言い回しにはアクセスできません。同じように、位置、活動やコンテンツなどの画像情報も得られません（ここで注意すべきなのは、利用規約は常に変化しうることです。フェイスブックがその携帯アプリで写真共有に執心しているのは、モバイルデバイスで撮られ、豊富なメタデータもついている写真へのアクセスに興味があるからです）。

それでも、Facebook Adsの制限にもかかわらず、さまざまな階層の人々の特定の感情を有効に調査することは可能です。たとえば2012年の選挙で、大学教育レベルのフェイスブックユーザーでミット・ロムニー候補に「いいね！」をつけたり、彼の名前に関心を示したりした人のアカウントページに現れる広告を打つことはできたはずです。

今のところ、ほぼリアルタイムの感情を知るために匿名のオンライン広告の指標を収集する考えは学界ではまだ積極的に取り入れられていません。しかし、グーグルやフェイスブックが保持するデータに隠されている人々の感情やその他の要素にアクセスしたい人にとっては、このアプローチは効率的かつ即時的であり、そして廉価でもあります。

Ⅳ．危機に関するツイート

フェイスブックとグーグルのデータの山を採掘する方法が比較的面倒であることに対して、ツイッターのオープンな生態系はより単刀直入なアプローチを可能にしています。それはつまり、ツイートを収集し、フィルターにかけ、そのテキストを分析して、ストレスや危機、その他の感情を示す指標を見つけることです。２０１１年10月に、国連事務総長室のイニシアティブであるグローバル・パルス（Globalpulse）は、インドネシアとアメリカそれぞれにおけるツイートを調べた研究結果を発表しましたが、その目標は市民の気持ちをより理解し、既存の政策分析に資することです。

このプロジェクトではツイートをいくつかに分類して、市民の関心を量的に分析しました。研究チームが追跡した主な指標は、停電のような特定の話題に関するツイート数の異常な増減、ツイッター上で交わされるトピックの週間と月間の推移状況、時系列上の特定のトピック数のパターン、「非公式なローンと正式なローン」というような副次的なトピックの割合、そしてツイッターでの会話と外部のデータセットとの比較、などでした。[*20]

グローバル・パルスは、一般的に入手可能なソーシャルメディアデータを収集して分析するクリムゾン・ヘキサゴン（Crimson Hexagon）社とパートナーシップを組みました。同社によると、インドネシアはツイッター使用においては世界第4位で、その国民は一日に550万もの位置タグつきのツイートを発信しています。グローバル・パルス・プロジェクトの一環として、クリムゾン・ヘキサゴン社は2010年7月から2011年10月までの公開されているツイートにアクセスしました。ハーバード大学の計量社会科学研究所が開発した、テキストからキーワードならびにキーワード間の関係を取り出す感情分析アルゴリズムを使って、研究者たちは当時のインドネシアにおける借金、食料や燃料の価格と供給などの話題に関わるストレス要因の種類と深刻さを観察することができました。[*21]インドネシアにおける話題の一部はアメリカでのツイッター上の会話と比較され、両国での会話の違いが調べられました。

そこからわかったことの一つは、燃料に関するツイートでは両国間に違いがあることです。とりわけ、アメリカにおける燃料関係のツイートは価格に集中しているのに対し、インドネシアの燃料関係ツイートではガソリン、ディーゼル、オイル、灯油という異なった種類の燃料の供給が中心となっています。この違いが示唆しているのは、今後の分析は燃料関係の会話の副次的トピックを区別しなければならないということです。そして、インドネシアにおける米の価格に関するツイート量がインフレの統計に緊密に追随していることも判明しました。[*22]

研究チームの結論としては、データとテキストの分析では人々の長期的な目標や関心を測りきれないということです。しかしながら、感情を精査する全体的な方法としてのツイッターのデータは、とりわけ一国の市民の当面の関心に関しては、非常に役立つものだと言います。

V. 金融予測の解析

匿名金融データの大規模データベースは、研究者や外部企業にとっては最も入手困難なデータセットだとはいえ、経済状況に関する情報の宝庫であり、未来の経済危機の予見にさえも貢献する可能性があります。大銀行は当然このようなデータを利用して顧客を評価し、融資先や金利を決めています。

しかし、もしこのようなデータが大銀行のみならず、研究者や起業家にも広く開放されれば、すべてのスケールでの経済行動が恩恵を受けるでしょう。第7章で紹介したMITのキャサリン・クルムの研究を見れば、この可能性の内実が見えてきます。2008年に、クルムは8000万人の顧客の金融データが入っているバンク・オブ・アメリカの匿名化されたデータベースへのアクセスを許されました。分析の大半は異なる人口属性における購買パターンを調べるものでした。そこで、最も予測しやすい人々は頻繁に食料品店やレストランで、最も予測困難な人々はガソリンスタンドやファストフードのチェーン店で消費することがわかりました。クルムはまた、富裕層は一回の買い物で複数の店を訪れるのに対して、低所得者は一回につき一つの店だけを訪れることも突き止めました。[*23]

この類いの分析は氷山の一角にすぎません。銀行データを地理や国勢調査のような他の種類のデータと組み合わせれば、かつてないほどの規模で一国の経済の全容を浮き彫りにすることができます。たとえば、雇用増減の予想因子や消費者信頼感に直結した消費パターンなどを見つけることもできます。特に後者からは、新しい形の分刻みの消費者信頼感指数も得られるでしょう。このようなデータは不況に最も影響を蒙る産業やその影響の度合いの予想にも使えます。ビッグデータに基づく指標を活用すれば、経済界や政府が迫りくる経済危機の軽減に向けた決定を下すことができるでしょう。

何十億もの最新の金融取引データにアクセスしている会社の良い例はミントという個人金融の新興企業です。2006年創業のミントは顧客に、金融口座情報を携帯電話のアプリ上でもPCのネット上でも見られる使いやすいインターフェースを提供しています。顧客が自分の口座の基本情報を見ることにとどまらず、ミントは顧客のニーズに合ったクレジットカードや貯金口座の案内といったアドバイスも提供しています。クイックン（Quicken）というロングセラーの個人金融ソフトウェアを作ったインテュイット社が2009年にミントを買収したとき、ミントの顧客データもすべて手に入れました。

今のところ、ミントの主な焦点は顧客にそれぞれの購買や貯蓄に関する情報を提供し、その習慣を推定して、顧客に最良のクレジットカード、保険、旅行などの特典を勧めることです。2010年に、ミントはミントデータ（MintData）という可視化ツールを発表しましたが、これによって誰でもすべてのミントユーザーの匿名化された消費の集計を見ることができます。たとえば、オクラホマのレストランでの平均的な消費額をワシントンのレストランでの消費額と比較できます[*24]。その後、ミントデータは廃止されましたが、本書執筆の２０１３年時点では、同社は似たような可視化ツールを発表する計画を練っています。

ミントの何百万もの顧客の匿名金融データが公開されれば、インテュイット社の一握りの研究者や同社と契約したエキスパート以外にも大勢の人々がそのデータを精査することができるようになるでしょう。金融データから新たな傾向を見つけ出すことは経済的な危機を予測し、不況を改善するデータ駆動型のガイドライン作成にも役立つことになります。金融データを他のデータと組み合わせると、どこで風邪の症状を抑えるオレンジジュースが売れているかという簡単な質問への回答を収集することでインフルエンザの予測にもつながります。金融データ解析はまだ黎明期にありますが、この類いのデータにアクセスすることで期待される可能性は非常に大きいと言えます。

Ⅵ．結論

国家スケールでデータセットを使う方法はさまざまですが、その多くには重要な政策的な含意が付随しています。データの可視化は、そのデータを生み出す人々について語るための説得力のある方法です。地図、図表、アニメーション、インタラクティブなデータ探索ツールなどによってデータの傾向がわかりやすくなれば、政策決定者が危機に面した地域を見落とす可能性も低くなります。このような可視化やその他の情報分析がめざすところは常に最新のデータを得ることですが、それにはＣＤＲが大きな役割を担います。民衆の移動形態について情報密度の高い視点を与えるほかにも、ＣＤＲは自然災害のような危機をスマートにかつ迅速に対処するためのほぼリアルタイムの情報を提供してくれます。

一国の国民感情を知るには、今日のＩＴ巨大企業が提供する一握りのオプションを活用すればことたります。グーグルやフェイスブックの広告ネットワークを利用し、広告キャンペーンを作り、その指標を分析することが可能です。一方、公開データを豊富に保持しているツイッターも人々の心情に関する豊富な情報源です。テキスト解析アルゴリズムを使えば、毎日何千万件と発信されている１４０字のつぶやきから複数の意味を取り出すことができます。しかし、これらのアプローチすべてに共通する注意点は、正しい質問を行い、得られた回答をしっかりと点検することです。第９章では重要なダブルチェックの仕組みについて触れます。それはつまり地球スケールにおいて、「個人」を再び参入させることを意味します。

V

世界データの

リアリティ・マイニング

（1億人から70億人まで）

第9章　世界のデータの収集

世界国勢調査、国際旅行と貿易、地球スケールのコミュニケーション

リアリティ・マイニングの最も深遠なアプリケーションの一つは疫病や伝染病の追跡と予測です。地球規模でつながっている世界では、致命的な疫病が破滅的なスピードで、今まで考えられなかった数の人々に拡散してしまいます。この最後の部は地球スケールでのデータを検討し、特に疫病が今日の巨大な規模のネットワーク世界においてどう伝播してゆくのかを理解することを目標としています。人々がどう移動し、何をネット上で検索し、何を思っているかを教えてくれるデータセットのおかげで、私たちは世界の仕組みについて情報に基づいたコンセプトを作れるようになりました。

世界各国がそれぞれの国勢調査を整理しあうのと同じように、世界銀行、国連をはじめとする国際機関はデータを国際的に収集する努力を続けています。貧困の半減からHIV／エイズ拡散を止めることまで、2015年までに達成することをめざした8つの目標からなる「ミレニアム開発目標」[*1]（MDG）に基づいて、これらの国際機関は計画とガイドラインを作って、各国内およ

び国家間のデータ収集の標準化と調整を進め、国際データ収集のイニシアティブを打ち出しています。

もちろん、第Ⅳ部で述べた一国レベルの国勢調査データと同様に、世界的な国勢調査データは静的なものです。そのため、疫病拡散のモデル化の重要なステップである人口移動を定量化するためには、航空旅行や船舶ルートのようなネットワークのデータセットもあわせて見なければなりません。毎年、何十億もの人々が航空機に乗り、一人一人が疫病を新しい人口圏に移す可能性を持っています。海上運送は航空機ほどの人数を運んでいないとはいえ、食料や荷物の運送の不注意によって細菌、バクテリア、寄生虫などを持つ危険な生物種を運んでしまうことがあります。

地球スケールで最も有効なデータソースは、人間行動や環境の状態への窓を開くインターネット検索です。インターネットプロバイダーのアドレスは特定されても、グーグルアカウントにログインしない限りは個人が特定されないグーグルの匿名検索データベースはこのスケールでは最強のデータセットです（これは複雑な事実であり、政府がもし不法にデータにアクセスすることがあれば、憂慮すべきことでもあります）。グーグル自身はグーグル・フルー・トラッカー（Google Flu Tracker）やインサイト・フォー・サーチ（Insight for Search）といった便利なツールを通じて、そのデータの一部を公開しています。これら二つのツールが示しているように、誰でも時系列上の検索用語の人気度を見たり、さらなる分析のためにデータをダウンロードしたりできます。

ツイッターも地球スケールで利用可能です。この章では、毎日何億ものツイートを生成しているツイッターの「ファイヤーホース」［消防ホースのように膨大な量の情報を吐き出す意味］にアクセスするさまざまな方法を検討します。

これだけのグローバルデータにアクセスできると、現場の現実についてついつい性急な結論に飛びつきがちになります。大規模スケールのデータから作られたモデルはできるだけ頻繁に個人の経験による裏づけをとり、それによってボトムアップの確認に裏打ちされたトップダウンの見方を得なければなりません。この目的のために、国際的新興企業であるジャナ（Jana〔ジャナ社は著者であるネイサン・イーグルが共同創業CEOを勤める企業〕）社は現場の知見を集める携帯電話の仕組みを開発しました。同社は、１００以上の国々の携帯電話加入者に少額の通話時間ボーナスを稼ぐ機会を与えます。ここでの通話時間を稼ぐ一般的な方法はアンケートに答えることですが、そのアンケートは、ある商品が地元の店で売っているかどうかとか、回答者は最近風邪を引いたかなど、多種多様のトピックにわたるものです。このような自己報告型調査は、人口レベルでのデータ分析から引き出された仮定を検証しうるリアルタイムデータの収集の重要かつ押しつけがましくない方法を提供してくれます。

疫病の追跡、予測と根絶というビッグデータ最大の用途に焦点を当てながら、この章は地球スケールでのデータ収集のさまざまな方法を見ていきます。

Ｉ．世界レベルの国勢調査の協調

世界銀行、国連統計委員会[*2]、ＯＥＣＤ（経済協力開発機構）、ＩＭＦ（国際通貨基金）などの国際機関にとっては、加盟国について収集されたデータは一定の水準を満たさなければなりません。このため、彼らは協力して、統計の適切な体制とベストプラクティス〔最良の実施方法〕の方針を開発し、追跡すべき指標についても合意し、データ交換の手続きと手法を作りました。世界銀行は、このようなベストプラクティス方針にしたがった各国の統計システムのデータに基づいた国際データセットを作成しています。このほかにも、世界銀行は、「マラケシュ統計行動計画（Marrakech Action Plan for Statistics＝MAPS）」や「21世紀開発統計パートナーシップ（PARIS21）」といった世界レベルのデータ収集プログラムを支援しています。*3

MAPS*4は国際と国内の統計システムの改良をめざす六つの行動からなります。それには、ミレニアム開発目標に基づき、地球スケールのデータ収集に特化した三つの行動目標が含まれています。それは、2006年までにすべての低所得国のために統計システムを企画し、国家的な統計開発戦略を立てること、すべての発展途上国が2010年の国勢調査ラウンドに参加できるようにすること、そして世帯単位の社会経済データセットの世界的なコレクションである「国際世帯調査ネットワーク」を設立することです。*5

PARIS21*6は政策決定者と解析専門家との国際協力のフォーラムです。1999年に設立されたこのフォーラムは、各国が統計を最も有効で有意義に使えるように促進するもので、「低所得もしくは低中所得の国々が「統計開発国家戦略」（共通フォーマットのデータ収集確立をめざす）のデザイン、実施とモニターができるように援助する」とともに「国家が所有し、生産するすべてのミレニアム開発目標の指標を網羅したデータ」の実現を助けるものです。*7

こうした国際機関の協調の結果、一定の期待に合った一貫性と水準を持った、国境を越えたデータおよび世界的な国勢調査データができあがりました。とりわけ世界銀行、*8 OECD、*9 IMF*10などを通じてオンラインで入手可能なデータセットは、ひとつのコミュニティとしての全世界の説得力のあるスナップショットを提供してくれています。

Ⅱ．人と荷物の足跡

国内と国際の航空路線ほど世界スケールでの人々の移動形態の指標となるものはないでしょう。2011年に合衆国全土で7億3000万人が民間航空機に乗り[*11]、全世界では同期間に28億人が航空機で運ばれました[*12]。人がA地点からB地点に移動する経路は、国勢調査、疫病マップ、その他のデータセットと相互相関をとって、情報、貿易、疫病などの拡散状況の観察に使えます。

このような経路の主なソースの一つは、2000年から国内／国際の航空会社から収集した情報を基にしたデータベースを運営している国際航空運送協会（IATA）です。このデータベースは、130以上の航空会社から上がってくる世界中の定期航空交通の月間記録の約90％を網羅しており、IATAのサイト[*13]からダウンロードでき、年間約1000ドルで加入することもできます[*14]。

2006年に『米国科学アカデミー紀要（Proceedings of the National Academy of Sciences）』に発表した論文の中で、ヴィットリア・コリッツァ（Vittoria Colizza）のチームは、2002年時点での直行便で結ばれている空港と、個別のフライトごとにおける座席数に関するIATAのデータを使って[*15]、3880の頂点（空港）と1万8810のエッジ（空港間の乗客の流れ）からなるネットワークを作り、それを世界規模の疫病拡散モデルに取り込みました。

航空客データのソースとして、世界航空関係のデータ、分析やコンサルティング・サービスを販売するUBMアヴィエーション（UBM Aviation）社も挙げられます。[16] 2012年7月現在でUBMアヴィエーションのデータ編集部門であるOAGのデータベースは900社の航空会社と4000以上の空港を網羅しています。[17] 同社は、1979年にまで遡るフライト情報のスケジュール履歴も提供しています。[18] OAGは、座席数、フライトの出発地と到着地など航空会社から上がってくる報告を記録します。[19] 何人かの研究者はこのOAGのデータベースを使って疫病拡散を推定しました。[20] これらのデータベースはOAGのウェブサイトで購入できますが、値段は国、データの種類、加入モデルによって異なります。たとえば、OAGフライト・ガイド・ワールドワイド（OAG Flight Guide Worldwide）というデータベースの米国での年会費は845ドルです。

航空客データに加えて、貨物船からも人間の移動形態を観察することができます。海上では人よりも荷物が多く（世界貿易の90％）運ばれるとはいえ、海運ネットワークも侵入生物種や疫病の拡散に大きな役割を果たしています。

2001年から、船舶と各地の港に自動認識システム（AIS）が取りつけられるようになり、海上交通の往来は自動デジタル化を始めました。AISはもともと、衝突防止と港湾の保全に使われていましたが、その副産物として、海運ネットワークの大きなデータベースができあがりました。パブロ・カルーザ（Pablo Kaluza）の研究チームはシーウェブ[21]（Sea-Web）というデータベースを通じて、2007年のAISデータ履歴にアクセスしました。これは船舶の出発と到着などを記録した海運統計のオンライン記録で、会費は、指標やユーザー数にもよりますが、630ドルから14000ドルまでとなっています。[22] このデータを使って、カルーザらは1万6000艘の船舶と１０００近い港を調べ、３万６３５１件もの港の出発点と到着点のペアをリンクしました。こうして、２００７年一年間の主な貨物船行程を基に、石油等の液体以外を運ぶばら積み貨物船［バルクドライキャリア。「梱包されていない穀物・鉱石・セメントなどのばら積み貨物を船倉に入れて輸送するために設計された貨物船」（Wikipedia）］、コンテナ船とタンカーとの間には三つのはっきりと異なる航行方式があることを突き止めました。たとえば、コンテナ船は規則正しい航路を繰り返し運行しますが、ばら積み貨物船とタンカーはそれよりも予想しにくい航路で港間を行き来します。[*23]

Ⅲ．ウェブ検索を検索する

グーグルの歴史とコムスコア（Comscore）［コムスコアは、アメリカ合衆国のインターネット視聴率の測定およびデジタル市場分析を行う会社。本社はバージニア州レストンに置かれている。世界43カ国でサービスを提供している（Wikipedia）］のデータを編纂したスタティスティック・ブレイン（Statistic Brain）社によると、グーグルは一日平均47億件のウェブ検索を記録し、２０１１年の一年でその検索は１兆７０００億件に達しています。[*24]これらの検索の中には人々の関心や置かれた状況が表現されており、同社はインフルエンザの流行も検索用語の頻度と相関させたことがあります（第10章で詳しく説明します）。同様に、検索の人気度、頻度とサイクルを調べれば、他の多くの傾向も見いだせます。

グーグルは、ウェブ検索を検索し、時系列上の変化を見つけるトレンド（Trend）という無料ツールを提供しています。[*25]これは何十億というユーザーの匿名検索データを使い、グーグルアカウントにログインすればダウンロードできるものです。[*26]

Ⅳ．ソーシャルネットワークからの世界データ

ツイッターやフェイスブックに触れずして、オンラインの世界データの議論は完結できません。第7章と第8章で述べたように、ツイッターには、すべてのツイートの一部分へのアクセスを可能にする「ファイヤーホースＡＰＩ」があります。ツイッターデータから意味を見いだすという課題についてはすでに多くの本が出ていますので、ここでは、カスタマイズした分析に役立つデータソースのオプションをいくつか取り上げます。

２０１２年半ばに、ツイッターは一日に世界で1億4０００万人以上のユーザーによる4億ものツイートを生成していたと述べています。[*28] ２０１２年8月、ツイッターはデータシフト（Datasift）、グニップ（Gnip）、トプシー（Topsy）をはじめとした12社のパートナーが参加した「認定パートナープログラム」を発表しました。[*29] 各社にはそれぞれ異なった目標とアプローチがありますが、共通しているのはツイッターのデータとその洞察への深いアクセスを行える点です。パートナー各社はさまざまな方法でデータを解析し、ツイッターを通じた各種知見に関心を持つ他の企業や個人に、あらかじめ整理したデータセットやサービスを提供します。たとえば２０１２年のアメリカ大統領選挙に関するツイートや会話を調べたいといったときには、データシフトの自然言語処理と他のフィルターを使って、これらのツイートを集め、照合することができました。そして、受け取るデータの単位やサービスの種類にもよりますが、同社の製品は月額３０００ドルから1万５０００ドル[*30]までの幅で提供されています。

自らツイッターのデータに接続したい場合には、ツイッターによれば、常時進化しているとい

う同社のＡＰＩを使ってリアリティ・マイニングを行うという選択肢もあります。[*31] そのＡＰＩの一つは検索用で、キーワード、特定のユーザーに関するツイート、または特定のユーザーからのツイートのコンテンツをツイッター上で検索できるように設計されています。しかし、このＡＰＩはツイートの完全なインデックス［すべてのデータの索引データ］にアクセスできないという欠点もあります。たとえば一週間以上前のツイートの検索もできないし、検索用語も複雑でないものに限られています。[*32] この検索ＡＰＩに対して、ツイッターのストリーミングＡＰＩ[*33]のほうは使いやすく、より多くのキーワードを検索でき、たとえば特定地域の位置タグつきツイートを収集できるようになっています。一定の限界はあるにせよ、このＡＰＩを通じて、ランダムなサンプルの範囲内のツイートの一部を取得できます。[*34]

第7章で見たように、フェイスブックのデータにアクセスする方法の一つはその広告解析を使うことですが、もうひとつの方法として、同社が提供する開発者用オープングラフ（Open Graph）ツールの利用があります。２０１０年に同社は、友達、写真、イベント、ページなど個人のソーシャルグラフ［フェイスブック上における個々のユーザーの友人や友人の活動との活動の総体］の公開部分へのアクセスを可能にするオープングラフプロトコルを提供しました。ソーシャルグラフの各項目［たとえばある友人のプロフィール情報や、許可を得た場合には友人が何に「いいね！」をしたかなどの情報］には独自のＩＤがあり、グラフＡＰＩからそのＩＤで呼び出すことができます。[*35] グラフＡＰＩの標準バージョンでは一つのリクエストで一件の情報を取り出せますが、バッチ処理[*36]［集計作業などで使われる、一度に大量の反復的な処理を行うために書かれたプログラムコード］によって一度につき50個のリクエストを行えます。そして、複数のバッチ処理を並列で実行することで、フェイスブック上で人気のあるアプリケーションを書いたプログラマーであれば何百万人ものフェイスブックユーザーの情報にすばやくアクセスすることが可能ですが、そのためにはこれらのユーザーが自分のデータへのアクセスを明示的に許可しなければいけません。

フェイスブックもツイッターも、一定のタイプや量のデータへのアクセス手法に変化をもたらした成長中の企業です。両社とも、世界スケールで、人々がどう考え、動き、行動するかということに対して独創的な洞察を研究者たちに提供してきたことで、リアリティ・マイニングを実践する人にとっては重要なデータの宝庫となっています。

V．リアリティ・マイニングの現実性チェック

大量のデータを通じて、世界をまるで神の目から見るように俯瞰すると、世界各地で生まれつつあるトレンドにかつてないレベルでアクセスすることができます。しかし、何ペタバイトもの世界中のデータから引き出された結論をダブルチェックする仕組みがなければ、これらのデータから作られたモデルは必ずしも期待どおりの価値あるものになるとは限りません。携帯電話は、このスケールでの人間の移動形態をCDRを通して見せてくれること（第Ⅳ部で触れたように）以外にも、個人の置かれた状態や環境の有効なチェック機能を持っています。

このような現実性チェックの重要性を示す初期の例として、ルワンダでのコレラ発生の調査があります。ネイサン・イーグルは2009年に、ルワンダ現地の公衆衛生当局と電気通信会社と協力して、CDRで見られる人々の移動形態がコレラの発生を予見できたかどうかを調べました。差し迫る伝染病発生を示す主な指標は、発生地域内における人間の移動の減少だと研究者たちは

思っていました。この移動の減少はコレラのインフルエンザに似た症状によるものだと彼らは睨んだのです。実際、当初はこの移動の減少はコレラ発生を一週間前に予告しているように思われました。

ところが、これらの地域での移動の減少は住民のインフルエンザに似た症状からではなく、道路を寸断させてしまった大雨によるものでした。イーグルたちのモデルはこの移動の減少の原因をコレラではなく、洪水であると見抜きました。探知された洪水は確かにコレラ発生の予兆ではありましたが、移動の減少は結局のところインフルエンザに似た症状の発生とは何の関係もありませんでした。しかし、大局的な見方だけにしたがうと、実際にあったインフラの問題よりも、低い移動率と病気との関係が前面に出てしまうのでした。

イーグルは世界中のモバイル通信業者と独自に結んだ協力関係によって、２００９年に世界的な商品ブランドが携帯電話を通じて簡単に人々とつながるようにするジャナ（Jana）（その前身はテクスティーグル［txteagle］）という会社を立ち上げました。ジャナのサービスは世界中の35億人に届くようになりました。２０１３年の半ばには、ジャナのサービスの主要目標の一つは、従来の市場調査が必ずしも有効に働かない新興市場での顧客に関する洞察を収集することです。人々が調査パネルに参加するようにジャナはさまざまなインセンティブを用意し、ユーザーが追加の無償通話時間のボーナスをもらう代わりに意見や考えを提供してくれるようにしています。同社は、研究者が１００以上の国々の携帯電話加入者にカスタム調査を送れるようなセルフサービス型のインターフェースを制作しています。こうして、ジャナは35億もの携帯電話加入者のサンプルから直接意見を収集する方法で、ビッグデータの世界的な現実性チェックの入り口を提供しています。

Ⅵ．結論

史上初めて、人類は自らの行動を地球スケールで見ることができるようになりました。ここで重要な役割を担っているのはさまざまな国勢調査、旅行や海運のネットワーク、ウェブ上の検索、ソーシャルネットワークでの行動、携帯電話の使用などです。このような進展の理由の一つは、人々同士の物理的およびデジタルな接続性が高まっていることが挙げられますが、このことは同時に疫病が伝染する規模とスピードの高まりにもつながってしまいます。次の章は、伝染病の追跡、モデル化と予測に関するアプリケーションの可能性を掘り下げて検討します。

第10章　より安全で健康的な世界へ

今日の世界は、航空ネットワークから通話データ記録まで、そしてウェブ上の検索からフェイスブックのステータス・アップデートまで、まさにデータ浸けになっています。世界スケールでは、世界中の健康状態を改善するための体系的な方法の開発こそが、ビッグデータの適用に値すると言えるでしょう。この最終章では、インフルエンザからマラリアまでの各種の伝染病の伝播を特定し、食い止めるための世界規模データの活用に向けたさまざまなアプローチに焦点を当て、前章で述べたデータが特定の疫病の世界的な伝染モデルにいかに貢献するのかということを見ていきます。

伝染病は人間、昆虫やその他のベクター（媒介生物）を介して伝わるので、その広がり方を理解するためにも各ベクターの定量化が肝要です。ベクターの移動に関する情報を集める方法の一つには航空と海運の路線データの活用がありますが、前章で紹介した総計的な計測は既存の疫病伝染モデルを改良する重要な手段であることが立証されました。本章では、重症急性呼吸器症候群

（ＳＡＲＳ）のような特殊な世界規模の疫病ベクターのより正確な把握のために旅行者と海運のデータがいかに役立つかを見ていきます。

飛行機や船舶の動きを組み込むことにとどまらず、個人がたどる個別の道筋をも含めることでモデルのさらなる改良が望めます。世界中に65億人もの携帯電話契約者がいるので、ＣＤＲは従来の疫病学モデルに大きな付加価値をもたらす可能性を秘めています。さらに、このＣＤＲを、加入者の瞬間ごとの健康状態を調べるリアルタイムなモバイル調査と組み合わせれば、携帯電話そのものが強力な疫病の早期警報システムにもなりえます。

一般的な移動とコミュニケーション行動は、個人の精神および健康状態の良い指標となりえますが、検索用語はあるトピックへの明白な関心を示すという意味でさらなる洞察を提供してくれます。前章でも触れましたが、グーグル・トレンド（Google Trend）が証明したように、グーグルの世界的な検索用語の集積は、時系列上の用語の質的な比較のために活用できます。しかし、インフルエンザに対する関心をモニターするといった特殊な用途に絞った場合、検索用語は公衆衛生の強力なデータベースにもなりえます。グーグル・フルー・トラッカーは既存のビッグデータをうまく解析して既存のインフルエンザの傾向のデータベースと照合することで、ほぼリアルタイムにインフルエンザの伝播を把握するツールになるということの最適な例です。グーグルの研究チームはこのコンセプトをデング熱にも拡大し、季節的な病気であるインフルエンザ以外の追跡にも有効であることを示しました。

グーグルと同様に、フェイスブックとツイッターも、人々の意向や意見、そして現在の状況に関する膨大な量のデータを持っています。近年、とりわけツイッターは公衆衛生の研究者の関心を集めています。研究者たちはツイートで発信された健康に関する感情を解析し、ツイート間の曖昧さをなくす（たとえば、個人的な症状の説明と疫病に関するニュースとの区別）ための自然言語処理アルゴリズムを開発しています。既存のデータベースで確認できるので、この初期研究の大半は主にインフルエンザ追跡に集中しています。しかし、一部には、アレルギー、肥満、身体の痛みなどのより一般的な健康状態に関する個人的な症状の描写をも収集しようと、研究範囲を広げる動きもあります。

この章では、疫病を特定し、できれば未然に防ぐことによって、世界規模のデータが公衆衛生に与えることができるインパクトを強調します。

I．空で、海で

誰がどういう病気にかかったかについては各国とも以前から把握しており、数十年前からの記録が国家データベースで保存されています。たとえば、英国のイングランドとウェールズでは、1948年から現在までの麻疹疫病データを誰でも二週間単位で入手することができます[*1]。このような履歴データベースが数学者や疫病学者にとって好ましいのは、病気の蔓延を示す数学モデルの作成に使えるからです。同じデータベースは病気の起源を特定し、その動きを定量化することに使えます。数学者たちはこのような過去のパターンを、一つのシステム内におけるあらゆるタイプの拡散を説明できる既存モデルと対比させ、モデル内のパラメータを調整することで、現実のデータを再現するモデルを見つけようとします。現実と最もマッチしたモデルは、未来の疫病の広がりを予想できると考えられます。

これらのモデルは一般的に、伝染病がどう伝播するのかということを決定する主な要因の一つである人間の移動に関するパラメータを含んでいます。人間の移動を推定する伝統的な手法は、人の動きをランダムなものと仮定して、数百人または数千人の小さなサンプルに過去一週間、一カ月、一年間の動きを訊ねるという比較的粗い調査方法に頼ってきました。しかし、このような調査は、不正確（人々のあやふやな記憶に頼る）、まばらである（一度に人口のほんの一部しか調査できない）、瞬時性に欠ける（従来の調査は継続性がない）という本質的な欠点を抱えています。

今世紀初頭になって、疫病学者と数学者たちは、国や地方を越えた人間の動きをより良く反映するデータセットを利用できることに気づきました。前章で述べた航空旅行や海運路線も、人や荷物（双方とも疫病のベクターになりうる）が世界中をどう移動するかという指標を提供してくれます。[*2]

航空会社は、都市同士のつながりを示すネットワークを持っています。特定の空港へ、または特定の空港から移動する人数のデータを使うことで、疫病学者は、まばらなデータセットから人々の移動を推定することだけではわからない疫病伝播の世界規模のモデルに新たな情報の層を加えることができます。

２００６年に、ヴィットリア・コリッツァ（Vittoria Colizza）とそのチームは、航空輸送ネットワークがＳＡＲＳのような新しい病気の世界的な発生パターンの原因であることを証明しました。新たに発生する疫病を予測できると主張した航空ネットワークに基づくモデルも発表しましたが、このモデルは新たな要素（たとえば、各地方間の衛生状況の差や季節的な変化）を加えることで、正確さについてまだ改良の余地があることも認めています[*3]。

しかし、世界的な疫病の広がりに関して、すべての旅行や海運路線が同じ重要性を持つとは限りません。実際、ある疫病の移動を説明するためには、比較的少数の都市間航空路線を見れば十分です。ゲオルギー・ボバシェフ（Georgiy Bobashev）、ロバート・J・モリス（Robert J. Morris）、D・マイケル・ゲーデケ（D. Michael Goedecke）らによれば、サンプルされた3000都市のうちの200から300だけで、インフルエンザのような疫病の広がりに関する十分な情報が得られると言います[*4]。

昆虫は簡単に大型貨物船の荷物に潜んで「密航」できるので、疫病に関する移動形態を測るとき、航空旅客路線に加えて世界中の船舶経路も含めると、蚊などの害虫が運搬する世界的疫病を測るモデルの精度を上げることができます。たとえば、マラリアは数種類の蚊を介して広がるものです。船舶路線がこの疫病の広がりに大きな役割を演じる主たる例として、1930年代にガンビエハマダラカ（学名：*Anopheles gambiae*）という強力な蚊がアフリカからブラジルに「ジャンプ」した事例があります。近年では、船舶コンテナを介して、ヒトスジシマカ（学名：*Aedes albopictus*）――デング熱、黄熱病、ウェストナイル熱などのウイルスの主要なベクター――が他の地域に移った事例もあります[*5]。蚊やその他、海路で運ばれるベクターの世界的な移動をより良く把握すれば、港湾都市での害虫を介した疫病の広がりを防止する対策を講じることができます。

Ⅱ．携帯電話と疫病予測

各種のモデルは航空や海運データによって改良できますが、これらモデルを微調整する最も強力な方法は、代用的な指標だけではなく、実際の人々の動きを見ることです。個人の移動に関する粒度の高い情報は、第7章で述べたように、ＣＤＲから得られます。一つの汎用的なモデルの中でも移動に関する情報は地域間で異なるので、ＣＤＲから得られた移動形態データを疫病学モデルに組み込めば、より精度を高めることができます。

ＧＳＭＡワイヤレス・インテリジェンス（Wireless Intelligence）社によると、世界中で少なくとも一台の携帯電話に加入している人の数は２０１２年末には32億人、２０１７年には40億人に達するといいます[*6]（一台以上に加入している人もいることも考慮すれば、２０１２年末には全世界の携帯電話契約数は約60億に達します）。これらの機器の総体はペタバイト級のデータを発信しており、地球上のあらゆる国々で、位置とコミュニケーションのデジタルな痕跡を残しています。そしてそのデータはリアルタイムで得られるものです。

ＣＤＲの履歴は人々がどう移動したかということへの実証的で高い精度の洞察を提供してくれるので、航空と海運データのように、各種モデルの改良に貢献します。ＣＤＲは人々の移動の季節的な変化や地域間の違いをも含んでいます。ほとんどの疫病学モデルはより静的で精度の粗い条件を前提にしていますが、ＣＤＲは時系列上や地理的変化により適応しやすいものです。

しかし、さらに重要なこととして、ＣＤＲデータそのものがリアルタイムで利用できる疫病発生の新しい指標になりうるということです。この概念を証明するため、マーク・リプシッチ（Marc

Lipsitch）とそのチームは2010年の鳥インフルエンザ（H1N1）流行の際、メキシコの100万人の携帯電話加入者のためのモバイル・プラットフォームを展開しました。[*7] 第9章で述べたジャナと同様に、このプラットフォームは、1ペソ分の通話時間ボーナスと引き換えに、ユーザーから自分の今の健康状態の情報を募りました。調査への回答やCDRで収集した受動的なデータを組み合わせると、携帯電話加入者の動きやコミュニケーション・パターンの変化を疾病の兆候と相関させる可能性が浮かび上がります。

たとえば、従来のインフルエンザ警報システムは最低でも数日から数週間の遅れがあります。症状がある人はすぐには医者には行かず、地方自治体や病院も診察済みのケースをすぐにはデータベースに記録しません。リアルタイムのCDRとモバイル調査を利用する自動ツールがあれば、先進国と発展途上国双方における伝染病の監視に革命をもたらすでしょう。

さらに、そのコストも低いものとなるでしょう。現行の疫病報告システムをアップグレードしたり、リフォームしたり、拡大したりする代わりに、政府や疫病学者は既存の携帯電話インフラとそのデータを活用して真の早期警戒システムを実現できるでしょう。ほかにも、オレンジジュースの売り上げや監視カメラで捉えた駅で咳き込む旅行者の映像などのデータソースも利用できます。「症候監視」（シンドロミック・サーベイランスまたは症候群サーベイランス＝syndromic surveillance）と呼ばれるこの有望な分野は、散在しているさまざまなデータソースを使って、疫病の初期段階の兆候群を見つけるものです。このようなデータを使うシステムを持つ政策決定者は、疫病による重大な被害を未然に防ぐために学校閉鎖のような早期アクションを勧告できるでしょう。[*8]

Ⅲ．インフルエンザとデング熱を探査する

2009年に『ネイチャー』誌に掲載された論文がビッグデータの重大な秘密を解き明かしました。グーグルの研究チームによるその論文は、数百万人によるウェブ検索がいかに一日のうちにアメリカの各地方におけるインフルエンザのレベルの推定に使えるかを示しました。[*9] それは、グーグルの検索データベースが、単に人気のあるウェブページや関連の高い広告を見つけ出すことよりもはるかに広範囲な用途があるということを浮き彫りにしました。現にグーグルはユーザーの関心を利用してその健康状態を推定する方法を見つけ、そこからグーグル・フルー・トレンズ（Google Flu Trends）という無料のツールを開発しました。[*10]

グーグル・フルー・トレンズはアメリカにおける何千億件もの検索、つまり2003年から2008年までの5年間のグーグルのウェブ検索の匿名化された記録を基に開発されたものです。インフルエンザの周期性を最も緊密に追跡する検索用語を見つけるため、研究者たちはアメリカ各地の疾病予防管理センター（CDC）の「インフルエンザ・センチネル・プロバイダー・サーベイランス・ネットワーク」（Influenza Sentinel Provider Surveillance Network、直訳すれば「インフルエンザの監視員ネットワーク」）を利用しました。彼らはCDCの公開データに基づくインフルエンザの活動モデルを作って、それを事前にフィルタリングすることなく抽出された、グーグルの検索クエリデータベースのあらゆるトピックに関する最も一般的な5000万件の検索用語と比較しました。CDCモデルと検索用語データベースとの比較でわかったのは、頻度とタイミングにおいて、一定の検索クエリがCDCデータによるインフルエンザ活動の増加とともにピークに達したことで

した。この比較から、研究者らは、ＣＤＣの年間インフルエンザ活動モデルに適合した45の検索クエリを集め、それらをインフルエンザの悪化、風邪とインフルエンザの治療、一般的なインフルエンザの症状、その他のインフルエンザ関連用語というように幅広く分類しました。

インフルエンザ活動と相関する検索クエリを確認するのにここで使われた方法はアメリカ全国50州と世界の28カ国で繰り返されています。各国でのインフルエンザ活動の実証的なデータベース[*11]はGoogle.orgで見られます。このほかにも、フルー・トレンズのデータを活動軸と時間軸のグラフとして可視化したり、テキストファイルでダウンロードすることも可能です。

デング・トラッカー（Dengue Tracker）［デング熱追跡］というツールで、グーグルはインフルエンザ活動を測定するその方法論を、ボリビア、ブラジル、インド、インドネシア、シンガポールなど10カ国におけるデング熱の測定にも広げました。[*12] この開発に用いられたアプローチは２０１１年に発表された論文に記述されており、それによればこのツールは特に伝統的な疫病監視の資源に乏しい国々において有効だと言われています。[*13]

ただ、このアルゴリズム型のアプローチは完璧ではなく、他のビッグデータモデルと同様に、検索クエリのみに基づくモデルは実際に検証する必要があります。２０１３年1月に、グーグルはインフルエンザ流行期のピーク時には全人口の11％がインフルエンザにかかるだろうと予想しましたが、これはＣＤＣが推定した6％のほぼ2倍でした。この不一致は当時のインフルエンザ流行期に関する大々的な報道およびソーシャルメディアでの高い関心から生まれたと説明する研究者もいますが、正確にはこのような不一致がどの要素によるものだったかは不明です。[*14] このことは少なくとも検索において多少の文脈を組み込んだモデルが重要となることを示していますが、理想としては、次の項で検討する「現場検証」も検討したほうがよいでしょう。

Ⅳ．疫病用のソーシャルネットワーク

ツイッターとフェイスブックはおそらく、世界中の人々に関する情報の最も明白で詳細な情報を有しているオンラインサービスでしょう。ステータス・アップデートで示されているように、仕事、場所、政治的帰属から感情まで、人々が自分に関して公開している情報の量は気が遠くなるほど膨大です。今まで、世界規模での公衆衛生の状況を探るためにフェイスブックを研究した例はわずかしかありません。そのかわり、多くの研究者の関心は近年、比較的アクセスしやすいツイッターに集中しています。これらの初期の研究結果から、世界規模での保健のためにソーシャルデータを活用する包括的かつ信頼できる公衆衛生システムの明るい未来が期待されています。

２０１０年に、ヴァシレオス・ランポス（Vasileios Lampos）とネロ・クリスチアーニ（Nello Cristianni）はグーグルの研究チームの成果を拡大し、英国内の55万人もの積極的なツイッターユーザーが毎日発信している何十万ものツイートを研究し、インフルエンザの兆しを探りました。グーグルの研究チームが各地方のインフルエンザの割合と相関する検索用語を見つけたのと同様に、ランポスとクリスチアーニも２００９年6月から12月までの英国内のインフルエンザに関連する既存データと比較しました。そして、一部のツイートには、２００９年の鳥インフルエンザ発生の際の英国健康保護局のデータと95％以上の相関性を持つインフルエンザ指標が見てとれること

を突き止めました[*15]。このツイッターに基づいたインフルエンザを追跡する仕組みはグーグルのアプローチを独自に検証するもので、検索用語のみに頼る手法の改善に貢献するものでもあります。オンライン検索もツイッターの発信も宣伝や報道の過熱ぶりに左右されがちですが、ツイッター使用者のほうは、自ら「風邪を引いた」といった言葉を発信することでより明白な文脈を提供してくれます。この類いの発言を何らかの自動的なシステムで探知できるようになれば、第9章で述べた携帯電話調査のように、現場の状況予測に役立つものとなりえます。

荒牧英治[*16]のチームやシンシア・チュー（Cynthia Chew）とギュンター・アイゼンバッハ[*17]（Gunther Eysenbach）など他の研究者たちもさまざまなアプローチでツイートを分析しました。荒牧はインフルエンザに関する会話と誰かが病気になったとのツイートとを区別する自然言語フィルターを開発しました。チューとアイゼンバッハは、「H1N1」のような特定の用語の監視、ツイートの意向（たとえば、それがニュースの共有を目的としているのか、自己診断しているツイートなのか、など）を探るコンテンツ分析、そしてツイッターをリアルタイムの追跡ツールとして検証する、ということを行っています。

また別の研究者たちはツイッターを世界スケールでの公衆衛生データのより一般的なソースとして見ています。マイケル・J・ポール（Michael J. Paul）とマーク・ドレッゼ[*18]（Mark Dredze）は、さまざまな病気の症状や治療に関する言葉を専門に見つけるトピック（話題）のモデルを開発しました。疫病や病気に触れた1600万件のツイートにあたった結果、このアイルメント・トピック・アスペクト・モデル（病気話題特徴モデル＝Ailment Topic Aspect Model）は、インフルエンザ、感染、怪我、歯の問題、一般的なうずきと痛みなどの状態を区別することができました。開発した研究者たちによれば、このモデルによる結果はグーグル・フルー・トレンズの早期追跡結果とも、政府の保健データベースに基づく特別なツイッターモデル群とも一致したとのことです。

直接人々に質問するのではなく、一般大衆の健康に関する会話を盗み聞きするようなツイッターの解析方法は、大衆の感情を集めて保健関係の手がかりを探る新たな可能性を示しています。それでも、より頑健な社会保健モニタリングシステムを構築するためにも、携帯電話調査も含めて現場の人々の感情を確認するさらなる作業が求められています。

V．結論

全地球規模の一つのコミュニティとして、私たち人類は公衆衛生の新しい時代にさしかかろうとしています。長い間、人類は疫病に運命を左右されてきましたが、医学が進歩し、病原体が発見されるにつれて、人命も救われ、苦しみも軽減されてきました。それでも、現代において病気の源への理解が進んだにもかかわらず、科学者たちはその病気が民衆の中にどう広がってゆくのかについてはいまだにはっきりした考えを持ち得ていません。特に、疫病が広がる経路を一定の正確さをもって予測することはできませんでした。

しかし今日、科学者たちはようやくビッグデータという名の究極的な予防ツールの光明を見いだそうとしています。ビッグデータとリアリティ・マイニングは、新型インフルエンザ・ウイルスやコレラ発生の急増といった深刻な脅威を保健当局、政策決定者、その他の関係者に知らせるリアルタイムの水晶玉のようなものです。

この第V部は、旅行ネットワークや検索クエリから携帯電話調査や生のツイートまで、この水晶玉を形作るデータソースを紹介し、これらのデータソースを使うプロジェクトもいくつか紹介しました。将来の深刻な疫病に対する最良の早期警報システムは、個人レベルでの現実性の確認（モバイルデバイスもしくは検証可能なツイートの調査を通じて行うもの）を参照できる巨大なデータソースのプールに基づくものと考えられます。同時に、ソーシャルネットワーク、検索クエリ、携帯電話データなどから慢性的な疾患に関連する情報を取り出すうえでの最良の方法を理解するための努力も続けなければなりません。私たちのデータが、糖尿病、免疫系疾患、心臓病などの慢性疾患とどう相関できるかについてもっと理解しなければなりません。インフルエンザ関連のデータが10年近くもグーグル技術者たちの目前で放置されていたのと同様に、慢性疾患のシグナルも今日、どこかに潜んでおり、雑音《ノイズ》の中から取り出されるのを待っているかもしれないのです。

結論

本書を書くにあたり、われわれは何らかのリアリティ・マイニングを行う新興企業や一般企業にできるだけ焦点を当てるアプローチをとることにしました。学術論文はたしかに興味深いのですが、だいたいの場合は広範囲のイニシアティブに必ずしもつながらない単発のプロジェクトか、検証不可能な一回限りの結果を論ずるものが多いのです。もちろん企業というものにも浮き沈みがありますが、それでも実際の市場でリアリティ・マイニングの実例を共有することはビッグデータの各種アプリケーションを実用分野にしっかりと根を下ろさせる良い方法だと思います。

そう言いながら、われわれは、初期の原稿で取り上げながら、その後消えてしまったいくつかの企業名を、編集の段階で取り除かなければなりませんでした。そして、本書が刊行された段階で生き残っている会社のうち、いくつかは次の3年か5年ののちに消えてしまうかもしれません。ビッグデータの世界の動きは速く、さまざまな新興企業の激しい起伏がそのスピードの証しなのです。

その一方、われわれとしては学術論文もビッグデータの風景の中で重要な地位を占めていると考えています。もともとリアリティ・マイニングという言葉はマサチューセッツ工科大学（MIT）の論文で初めて使われたものです。本書で取り上げた各種の論文は往々にしてビッグデータの持つ可能性の表面をなぞるだけにとどまる傾向があります。しかし、真実としては、ペタバイト級のデータと、その人間的なシステムへの思慮深くかつ誠実な応用の可能性を完璧に理解するためには、技術者たちは、学術界だけでは到底実現できないスケールと時間の幅で作業しなければならないということです。

したがって、本書はビッグデータ解析の世界へのガイドであるとともに、その核心において実践への呼びかけでもあります。すでに事業を経営している人であれば、ぜひあなた自身と隣人たち、そして世界全体がどのようにしてリアリティ・マイニングから恩恵を受けられるかを考えてみてください。政府で働く方ならば、より良い政策策定にデータがどう使えるかを考えてみてください。学術界に身を置いている人であれば、あなたの研究プロジェクトがどのようにして幅広くかつ長い時間的スパンで適用できるかを研究してみてください。同時に、プライバシーの捉え方がさまざまなスケールと社会的文脈の中でどのように推移するのかを考慮してみてください。最初からあなたのプロジェクトの方策にプライバシーの観念を組み込んで、データの収集と使用において透明性を維持してください。

リアリティ・マイニングを用いて何かを構築するための良いスタート点は、わたしたちの社会のなかで失敗しているシステムに目を向けることです。それは、慢性疾患の管理、近隣地域の保全問題、組織の冗長性、道路の渋滞、経済不況、世界的な伝染病などがあります。

次に、このようなシステムの失敗の兆候として見られたり、失敗と関連づけられるデータの種類を考えてみましょう。物理的活動の変化、落書きの急増、労働者の生産性の低下、遅々とした交通の動き、購買習慣の変化、人間の旅行パターン、などが考えられます。本書はさまざまな関連データセットの手がかりを紹介していますが、これは明らかに限定的なものです。データはどこにでもあり、アクセスさえすればすぐにも使用できます。

また、個人、近隣社会や特定の組織内、都市、国家、世界といった各スケールでのデータ収集の波及効果も考えてみましょう。どのようなプライバシーへの配慮が適切なのか。データ共有にはどのようなインセンティブが作用しているのか。透明性が最も有効となるのはいつ、どのような状況か。データの所有に対するあなたのアプローチから、どのような人が、なぜ恩恵を受けられるのか。

そして最後に、データから知識を収集するだけではなく、そのデータをシステムに組み込んで、より上手に、よりスマートに作動するようにすることも考えてください。より効率よく糖尿病をモニタリングできる携帯電話アプリはどのようにデザインすればよいか。近隣環境の改善に市民の参加を促すにはどうすれば良いのか。交通を予測し、必要とするドライバーに行程時間の予想や代替経路を提供するにはどうすれば良いのか。消費者の特定消費パターンがどのように全国的な不況を予測したり、政府の景気対策財源の有効な配分に資したりできるのか。人間の移動状況が次の重大な疫病の流行にどのように役立つのか。

もちろん、ビッグデータ、つまり私たちが日々の生活のなかで集団的に排出しているデータが世の中を良くするためにのみ使われると思い込むのはナイーブです。最近の一連の出来事は、政府がこのようなデータを入手することで可能となる不正を浮き彫りにしています。それは市民の監視、政治的な反対派の弾圧、市民権の侵害などです。加えて、企業や広告主が私利のために消費者の行動を決定しようとしたり、瞬時に広告を表示したり、あるいは消費者行動を強制しようとしたりするような世界は、決して進歩しているとは言えません。ビッグデータの不用意な使用でどのようなトラブルが生じるかということに関する深い考察は他の文献に任せることとします。

一方、ビッグデータの無節操な使用があるからといって、その収集と使用は一律にやめるべきだと思うのもナイーブな考え方です。このためわれわれは、ビッグデータを基にしたシステムへアプローチするもう一つの方法を技術者、起業家、学者、政策決定者に提案しているのです。それは、データを良き変化を促す方向に使い、同時に現場の現実と、個人データの取り扱いに伴う倫理的な制限にも配慮することです。

本書がビッグデータのポジティブな可能性の基本的な概要を示し、読者がリアリティ・マイニングの手法にインスピレーションを得たアプリケーション、システム、コンセプトの数々を知るきっかけとなったのであれば幸いです。私たちはすでにビッグデータの時代を生きています。ぜひ、より良い世界をつくってください。

監訳者あとがき

本書の主な著者であるネイサン・イーグルはこれまで大量のデータ収集と分析およびその活用方法に関する研究開発を行ってきた学者であり、現在はハーバード大学やマサチューセッツ工科大学（ＭＩＴ）などの教員を務めながら、主に開発途上国で携帯電話を介したマーケティング・リサーチや広告配信事業を展開する企業ジャナ（Jana）のＣＥＯとして活動しています。

題名にもある「リアリティ・マイニング」とは彼の２００５年のＭＩＴでの博士論文の題名にもある造語ですが、この言葉には、どこか無機質で非人間的な印象を与える「データマイニング」や「ビッグデータ」という言葉と比較すると、「リアリティ」つまり人間の生きる現実世界の中から新しい価値を掘り出すことこそが重要なのであるという著者の思想が込められているように思えます。

実際に本書は、多くの類書のようにビジネスモデルから出発するのではなく、人間の生活の改善というテーマで現代のビッグデータ関連の技術や動向が書かれています。原書を読んだときに、企業の経営者、技術者、法学者や政策に携わる行政関係者といった人たち以外にも、より広範囲の人々にとっていま情報技術の世界がどのように人間社会と関係しているのかということを俯瞰できる入門書として有効に機能しえる本ではないかと思いました。

そのような思いからも、翻訳にあたっては、情報技術に明るくない人々にこそ本書を読んでもらいたいという考えのもとに、いくつかのルールを定めました。まず英語の固有名詞は必ずカタカナで表記し、日本のＩＴ業界で何の疑問ももたれることなく使われているカタカナ英語もなるべく日本語で書くようにしました。Wi-FiやBluetoothのように英語表記で世間に広まっている固有名詞はそのままにしましたが、本書の題名にもある「マイニング」のように、技術系の世界では普段カタカナのまま使われる用語などには文脈に応じてなるべく日本語の対応する用語（「収集」「解析」など）を付けるようにしました。さらに、いかにも工学系研究者に特有の質実剛健な文体で書かれた原書を精確に直訳するのではなく、日本語の文章にした際に少しでも意味が通りやすいように意訳したり、表現を和らげたりすることを心がけました。また、業界関係者であれば当然知っているＡＰＩやサーバーといった技術用語にも、文中に訳注を付けました。

日本では原語の細かいニュアンスや意味を意識せずにカタカナ英語が使われているケースが多すぎる印象があります。中国はcomputerを「電脳」と訳し、networkを「網」と表現していますが、日本でももっと日本語を使った用語が広まったほうが情報技術への本質的な理解が深まるのではないかと考え、このような翻訳方針を採った次第です。とはいえ、それでもカタカナやアルファベットがたくさん登場するのですが、難しいと思われた場合にはどんどん読み飛ばして、それぞれの技術の意味や効果についての箇所だけ読んでいただければと思います。

エンジニアや工学系の学生であれば、地球規模から個人レベルまでの情報の収集と解析の方法が示されている本書を読み進めるうちに自分でもリアリティ・マイニングのシステムを作りたくなってくるでしょう。本書が特に優れている点は、ビッグデータを巡るビジネスと公共の利益の追求が深く連動しながら新しい技術や方針が進化してきていることを示しているところです。

とはいえ、本書に書かれている事例は多くの場合アメリカの法制度や商慣習と密接に関連しているので、そのまま日本に輸入することはできないと思います。しかし、逆に日本でしかできないリアリティ・マイニングのアイデアを考えることで、イノベーションの種を発掘できるかもしれません。法律家や政策決定者、医療従事者にも同様のことがいえるでしょう。

ところで、よくある誤解に、技術系の人々はこの変化を完全に理解し、世の流れを先取りしているということがあります。たしかに技術系の人たちはどのようなことが可能になってきているかということについては一般の人々よりもはるかに詳しいですし、社会に大きな影響を与える技術を作る立場にあるといえますが、それでも自分たちが作っている情報システムがどのような変化を社会に及ぼすのかということは予測することができません。現場の現実としては、「こうしたほうが良くなるに違いない」と思って作った技術が全く受け入れられなかったり、もしくは全く別の領域で活用されるということは日常茶飯事です。

そのような状況の中では、情報技術に詳しくない人々の声が未来の情報技術の在り方に反映されなければいけません。情報技術は技術的な理由ではなく、人間的な理由に基づいて作られていくべきだからです。そして、そのためにはものを作り出す工学的な実践と、作られたシステムを社会的な価値とともに評価する人文的な議論の両輪が手を取り合うことが、今後より一層重要になってくるでしょう。

情報技術は下手をすれば人間が制御できなくなるものでもあります。ビッグデータと密接に関連している領域としては人工知能が挙げられますが、すでに情報社会のさまざまなところで人工知能の挙動やビッグデータの取り扱いにおいて問題が起こり始めています。本書では、そのような問題が数多く紹介されていますが、深くは掘り下げられていません。

本書を手にとっていただいた読者の方々には、ぜひそういった問題について考えてみていただければと思います。専門家や技術者は、技術について知りすぎているため、逆に多くの盲点を持っているという弱点があります。「自分についての情報はこうしてほしい」とか「自分だったらこういうシステムがあったら嬉しい」という何気ないアイデアや切実な想いの中からこそ、多くの人々の生活を助け、人生を豊かにする情報システムが生まれる可能性が生まれるのです。

本書を読んだ結果、このような会話や議論がより多くの人にとって少しでも身近に感じていただけるようになれば、訳者・監訳者としても望外の喜びです。

ドミニク・チェン
2014年12月　於・東京

付記

この本の翻訳作業は、一次的な翻訳を訳者であるヨーズン・チェンが行い、監訳者であるドミニク・チェンはできあがった原稿をより一般的にわかりやすく校正したり技術的な用語をチェックするという役割分担で進めました。

訳者は7カ国語を話すアジア系フランス人として、長年フランス外務省の外交官として世界を転々としながら、日々諸国の時事ニュースをフランス語の外交報告書にまとめるという業務を行っていた人間です。定年退職した現在は、主に英語と日本語で国際情勢に関する記事を新聞や専門誌に寄稿しています。

監訳者はアメリカの大学を出た後に主に日本のインターネット業界で10年ほど活動しており、情報の哲学に関する研究活動を行いながら、インターネット上の著作権問題に取り組むＮＰＯの活動やスマートフォン用アプリケーションを開発するＩＴベンチャーの経営に携わっています。

Kelly J. Henning, "Overview of Syndromic Surveillance: What Is Syndromic Surveillance?" *Morbidity and Mortality Weekly Report* (CDC) 53 (2004): 5–11.

*9 Jeremy Ginsberg, Matthew H. Mohebbi, Rajan S. Patel, Lynnette Brammer, Mark S. Smolinski, and Larry Brilliant, "Detecting Influenza Epidemics Using Search Engine Query Data," *Nature* 457, no. 7232 (2008): 1012–1014.

*10 グーグル・フルー・トレンズ（Google Flu Trends）は次を参照。http://www.google.org/flutrends

*11 "Google Flu Trends: Frequently Asked Questions," URL: http://www.google.org/flutrends/about/faq.html

*12 グーグルのデング熱トラッカー（Dengue Tracker）の詳細は次を参照。http://www.google.org/denguetrends/

*13 Emily H. Chan, Vikram Sahai, Corrie Conrad, and John S. Brownstein, "Using Web Search Query Data to Monitor Dengue Epidemics: A New Model for Neglected Tropical Disease Surveillance," *PLoS* 5, no. 5 (2011): e1206.

*14 Declan Butler, "When Google Got Flu Wrong," *Nature* 494, no. 7436 (2013): 155.

*15 Vasileios Lampos and Nello Cristianini, "Tracking the Flu Pandemic by Monitoring the Social Web," in *2nd International Workshop on Cognitive Information Processing* (CIP), 2010, 411–416 (Elba, IT: IEEE, 2010).

*16 Eiji Aramaki, Sachiko Maskawa, and Mizuki Morita, "Twitter Catches the Flu: Detecting Influenza Epidemics Using Twitter," in *Proceedings of the Conference on Empirical Methods in Natural Language Processing*, 1568–1576 (Stroudsberg, PA: Association for Computational Linguistics, 2011).

*17 Cynthia Chew and Gunther Eysenbach, "Pandemics in the Age of Twitter: Content Analysis of Tweets during the 2009 H1N1 Outbreak," *PLoS One* 5, no. 11 (2010): e14118.

*18 Michael J. Paul and Mark Dredze, "You Are What You Tweet: Analyzing Twitter for Public Health," in *Fifth International AAAI Conference on Weblogs and Social Media* (ICWSM 2011), 265–272 (Menlo Park, CA: AAAI Press, 2011).

com/docs/faq#6861
*35 フェイスブックのグラフAPIの詳細は次を参照。https://developers.facebook.com/docs/reference/api/
*36 Facebook, "Facebook Developers: Batch Requests," URL: https://developers.facebook.com/docs/reference/api/batch/

第10章

*1 Steven Riley, "Large-Scale Spatial-Transmission Models of Infectious Disease," *Science* 316, no. 5829 (2007): 1298–1301.
*2 Andrew J. Tatem, David J. Rogers, and Simon I. Hay, "Global Transport Networks and Infectious Disease Spread," *Advances in Parasitology* 62 (2006): 293–343; Riley, "Large-Scale Spatial-Transmission Models of Infectious Disease."
*3 Vittoria Colizza, Alain Barrat, Marc Barthélemy, and Alessandro Vespignani, "The Role of the Airline Transportation Network in the Prediction and Predictability of Global Epidemics," *Proceedings of the National Academy of Sciences* 103, no. 7 (2006): 2015–2020.
*4 Georgiy Bobashev, Robert J. Morris, and D. Michael Goedecke, "Sampling for Global Epidemic Models and the Topology of an International Airport Network," *PloS One* 3, no. 9 (2008): e3154.
*5 Andrew J. Tatem, Simon I. Hay, and David J. Rogers. "Global Traffic and Disease Vector Dispersal," *Proceedings of the National Academy of Sciences* 103, no. 16 (2006): 6242–6247.
*6 "GSMA Announces New Global Research That Highlights Significant Growth Opportunity for the Mobile Industry," October 18, 2012, URL: http://www.gsma.com/newsroom/gsma-announces-new-global-research-that-highlights-significant-growth-opportunity-for-the-mobile-industry/
*7 Marc Lipsitch, Martín Lajous, Justin J. O'Hagan, Ted Cohen, Joel C. Miller, Edward Goldstein, Leon Danon, et al., "Use of Cumulative Incidence of Novel Influenza A/H1N1 in Foreign Travelers to Estimate Lower Bounds on Cumulative Incidence in Mexico," *PLoS One* 4, no. 9 (2009): e6895; Martín Lajous, Leon Danon, Ruy López-Ridaura, Christina M. Astley, Joel C. Miller, Scott F. Dowell, Justin J. O'Hagan, Edward Goldstein, and Marc Lipsitch, "Mobile Messaging as Surveillance Tool during Pandemic (H1N1) 2009, Mexico," *Emerging Infectious Diseases* 16, no. 9 (2010): 1488.
*8 Matt Crenson, "Germ Patrol: Like Never Before," CBS News, Associated Press, February 11, 2009, URL: http://www.cbsnews.com/2100-224_162-527736.html ;

*20 Andrew J. Tatem, Simon I. Hay, and David J. Rogers, "Global Traffic and Disease Vector Dispersal," *Proceedings of the National Academy of Sciences* 103, no. 16 (2006): 6242–6247; Duygu Balcan, Hao Hu, Bruno Goncalves, Paolo Bajardi, Chiara Poletto, Jose Ramasco, Daniela Paolotti, et al., "Seasonal Transmission Potential and Activity Peaks of the New Influenza A (H1N1): A Monte Carlo Likelihood Analysis Based on Human Mobility," *BMC Medicine* 7, no. 1 (2009): 45.

*21 シーウェブ（Sea-web）のウェブサイトはhttp://www.sea-web.com

*22 現在のシーウェブ(Sea-web)の価格表は次を参照。http://www.sea-web.com/module_pricing.html

*23 Pablo Kaluza, Andrea Kölzsch, Michael T. Gastner, and Bernd Blasius, "The Complex Network of Global Cargo Ship Movements," *Journal of the Royal Society Interface* 7, no. 48 (2010): 1093–1103.

*24 次を参照。Statistic Brain, "Google Annual Search Statistics," June 18, 2013, URL: http://www.statisticbrain.com/google-searches/

*25 次を参照。Google, "Trends: Analyzing Data," URL: http://support.google.com/insights/bin/answer.py?hl=en&answer=92768&ctx=cb&src=cb&cbid=g311zypaqvy8&cbrank=4

*26 グーグルのデータのエクスポートについては次を参照。http://support.google.com/insights/bin/answer.py?hl=en&answer=87289&ctx=cb&src=cb&cbid=1a66z5un7ilgd&cbrank=2

*27 Matt McGee, "With 400 Million Tweets per Day, Twitter Spending 'Inordinate Resources' on Improving Content Discovery," June 7, 2012, URL: http://marketingland.com/twitter-400-million-tweets-daily-improving-content-discovery-13581

*28 Matt McGee, "Twitter's 6th Birthday: 140 Million Active Users, 340 Million Tweets a Day," March 21, 2012, URL: http://marketingland.com/twitter-six-years-old-8374

*29 Twitter, "Twitter Certified Products: Tools for Businesses," URL: http://blog.twitter.com/search?q=datasift

*30 データシフト（DataSift）製品の価格は次を参照。http://datasift.com/pricing

*31 次を参照。Twitter, "Getting Started," URL: https://dev.twitter.com/start

*32 次を参照。Twitter, "Using the Twitter Search API," URL: https://dev.twitter.com/docs/using-search

*33 ツイッターのストリーミングAPIについては次を参照。Twitter, "Getting Started."

*34 ストリーミングAPIのアクセス制限については次を参照。https://dev.twitter.

*4 MAPSの詳細は以下を参照。World Bank, "Statistical Capacity," URL: http://web.worldbank.org/WBSITE/EXTERNAL/DATASTATISTICS/SCBEXTERNAL/0,,contentMDK:20951847~menuPK:2640568~pagePK:229544~piPK:229605~theSitePK:239427,00.html

*5 国際世帯調査ネットワーク（International Household Survey Network）の詳細は次を参照。http://www.surveynetwork.org/home/about

*6 PARIS21の詳細は次を参照。http://www.paris21.org/about

*7 PARIS21, "National Strategies for the Development of Statistics," 下記より入手可能。 http://www.paris21.org/NSDS

*8 次を参照。World Bank, "Use Our Data," URL: http://data.worldbank.org/use-our-data

*9 経済協力開発機構の統計情報は同機関のデータラボより入手可能。http://www.oecd.org/statistics/

*10 次を参照。International Monetary Fund, "World Economic Outlook Databases," URL: http://www.imf.org/external/ns/cs.aspx?id=28

*11 "December 2011 Airline System Traffic up 0.5 Percent from December 2010," March 22, 2012, URL: http://www.rita.dot.gov/bts/sites/rita.dot.gov.bts/files/press_releases/2012/bts014_12/html/bts014_12.html

*12 Tony Tyler, IATA: 2012 Annual Review (Beijing: IATA, 2012), URL: http://www.iata.org/about/Documents/annual-review-2012.pdf

*13 IATAのデータベースは次で参照可能。http://www.iata.org/Pages/default.aspx

*14 航空交通の統計情報については次を参照。http://www.iata.org/publications/Pages/carrier-tracker.aspx

*15 Vittoria Colizza, Alain Barrat, Marc Barthélemy, and Alessandro Vespignani, "The Role of the Airline Transportation Network in the Prediction and Predictability of Global Epidemics," *Proceedings of the National Academy of Sciences* 103, no. 7 (2006): 2015–2020.

*16 UBMアヴィエーション（UBM Aviation）の詳細は次を参照。http://www.ubmaviation.com/about-UBM-Aviation

*17 OAGデータベースの詳細については次を参照。http://www.oag.com/Aviation-Data

*18 過去のフライトデータは次で入手可能。http://www.oagaviation.com/Solutions/Aviation-Data/OAG-Historical-Schedules

*19 Georgiy Bobashev, Robert J. Morris, and D. Michael Goedecke, "Sampling for Global Epidemic Models and the Topology of an International Airport Network," *PloS One* 3, no. 9 (2008): e3154.

*16 Ashish Kapoor, Nathan Eagle, and Eric Horvitz, "People, Quakes, and Communications: Inferences from Call Dynamics about a Seismic Event and Its Influences on a Population," in *Proceedings of AAAI Symposium on Artificial Intelligence for Development*, 51–56 (Menlo Park, CA: AAAI Press, 2010).

*17 Amy Wesolowski, Nathan Eagle, Andrew J. Tatem, David L. Smith, Abdisalan M. Noor, Robert W. Snow, and Caroline O. Buckee, "Quantifying the Impact of Human Mobility on Malaria," *Science* 338 no. 6104 (2012): 267–270, URL: http://realitymining.com/pdfs/ScienceMalaria12.pdf

*18 Gunther Eysenbach, "Infodemiology: Tracking Flu-Related Searches on the Web for Syndromic Surveillance," in *AMIA Annual Symposium Proceedings*, vol. 2006 (Bethesda, MD: American Medical Informatics Association, 2006), 244.

*19 フェイスブック広告（Facebook Ads）の「使用説明書」（"Getting Started Guide"）を参照。https://www.facebook.com/business/products/ads

*20 次を参照。United Nations Global Pulse, "Research: Twitter and Perceptions of Crisis-Related Stress," December 8, 2011, http://www.unglobalpulse.org/projects/twitter-and-perceptions-crisis-related-stress

*21 J. Roberts, "Crimson Hexagon–UN Global Pulse Indonesia Twitter Research Documentation," November 28, 2011, URL: http://www.unglobalpulse.org/sites/default/files/Global%20Pulse-CrimsonHex-Indonesia%20Documentation_0.pdf

*22 United Nations Global Pulse, "Research: Twitter and Perceptions of Crisis-Related Stress."

*23 Katherine Krumme, "How Predictable: Patterns of Human Economic Behavior in the Wild," PhD diss., MIT, 2010.

*24 "Mint Opens Up Its Data: See How Spending Is Truly Trending," October 28, 2010, URL: http://www.mint.com/blog/updates/mint-opens-up-its-data-see-how-spending-is-truly-trending/

第9章

*1 国連のMDG の詳細は次を参照。http://www.un.org/millenniumgoals/bkgd.shtml

*2 国連統計委員会（The United Nations Statistics Division）のウェブサイトは http://unstats.un.org/unsd/default.htm

*3 次を参照。World Bank, "Data: The International System," URL: http://data.worldbank.org/about/data-overview/the-international-system

2012/07/10/tresata-offers-big-data-for-financial-firms-to-act-on/
*26 Mint については次を参照。http://mint.com

第8章

*1 デヴェロップメント・シード（Development Seed）の紹介は次を参照。http://developmentseed.org/about/
*2 世界銀行のデータカタログは次を参照。http://data.worldbank.org/data-catalog
*3 世界銀行の「Data: For Developers」を参照。http://data.worldbank.org/developers
*4 世界銀行の「Public Data」を参照。http://www.google.com/publicdata/directory
*5 デヴェロップメント・シードの「アフリカの角での飢餓に対する戦い」（"Battling Hunger in the Horn of Africa."）を参照。http://developmentseed.org/projects/wfp-famine/
*6 インタラクティブな国勢調査マップは次を参照。http://www.npr.org/censusmap/#4.00/41.83/-79.32
*7 インタラクティブな機会インデックスのマップは次を参照。http://opportunityindex.org/#4.00/36.52/-90.23/
*8 World Bank, "Exploring Climate and Development Links," at http://climate4development.worldbank.org/
*9 Gergely Palla, Albert-László Barabási, and Tamás Vicsek, "Quantifying Social Group Evolution," *Nature* 446, no. 7136 (2007): 664–667.
*10 Marta C. Gonzalez, Cesar A. Hidalgo, and Albert-László Barabási, "Understanding Individual Human Mobility Patterns," *Nature* 453, no. 7196 (2008): 779–782.
*11 Palla, Barabási, and Vicsek, "Quantifying Social Group Evolution."
*12 Dirk Brockmann, Lars Hufnagel, and Theo Geisel, "The Scaling Laws of Human Travel," *Nature* 439, no. 7075 (2006): 462–465.
*13 Gonzalez, Hidalgo, and Barabási, "Understanding Individual Human Mobility Patterns."
*14 Chaoming Song, Zehui Qu, Nicholas Blumm, and Albert-László Barabási, "Limits of Predictability in Human Mobility," *Science* 327, no. 5968 (2010): 1018–1021.
*15 Amy Wesolowski and Nathan Eagle, "Parameterizing the Dynamics of Slums," in *AAAI Symposium on Artificial Intelligence and Development*, 103–108 (Menlo Park, CA: AAAI Press, 2010).

data-overview/methodologies

*13 世界銀行の「Data: For Developers」を参照。

*14 グーグルのパブリック・データ・エクスプローラー（Google Public Data Explorer）を参照。http://www.google.com/publicdata/directory#!st=DATASET&start=0

*15 Charlie Savage and James Risen, "Federal Judge Finds N.S.A. Wiretaps Were Illegal," *New York Times*, March 31, 2010.

*16 Latanya Sweeney, *Uniqueness of Simple Demographics in the US Population*, LIDAP-WP4 (Pittsburgh: Carnegie Mellon University, Laboratory for International Data Privacy, 2000).

*17 Amirreza Masoumzadeh and James Joshi, "Anonymizing Geo-social Network Datasets," in *Proceedings of the 4th ACM SIGSPATIAL International Workshop on Security and Privacy in GIS and LBS*, 25–32 (Rochester, IL: ACM, 2011); Hui Zang and Jean Bolot, "Anonymization of Location Data Does Not Work: A Large-Scale Measurement Study," in *Proceedings of the 17th Annual International Conference on Mobile Computing and Networking*, 145–156 (Rochester, IL: ACM, 2011).

*18 Sibren Isaacman, Richard Becker, Ramón Cáceres, Margaret Martonosi, James Rowland, Alexander Varshavsky, and Walter Willinger, "Human Mobility Modeling at Metropolitan Scales," in *Proceedings of the 10th International Conference on Mobile Systems, Applications, and Services*, 239–252 (Rochester, IL: ACM, 2012).

*19 グーグルがユーザーのデータをどのように記録するかについては以下の二つを参照。http://support.google.com/accounts/bin/answer.py?hl=en&answer=162743&topic=25471&ctx=topic
http://lifehacker.com/5763452/what-data-does-chrome-send-to-google-about-me

*20 フェイスブック広告の詳細と使用法については次を参照。"Getting Started Guide" URL: https://www.facebook.com/business/products/ads

*21 フェイスブックのAPIの詳細は次を参照。http://developers.facebook.com/

*22 ジンガ社（Zynga）の詳細は次を参照。http://company.zynga.com/

*23 アプリの指標については次を参照。http://www.appdata.com/leaderboard/apps?fanbase=0&metric_select=mau&page=1&show_na=1

*24 Katherine Krumme, "How Predictable: Patterns of Human Economic Behavior in the Wild," PhD diss., MIT, 2010.

*25 Tom Groenfeldt, "Tresata Offers Big Data for Financial Firms to Act on," Forbes, July 10, 2012, URL: http://www.forbes.com/sites/tomgroenfeldt/

*7 Franklin E. Zimring, *The City That Became Safe: New York's Lessons for Urban Crime Control* (Oxford: Oxford University Press, 2011), 143–144.

*8 Erica Goode, "Sending the Police before There's a Crime," *New York Times*, August 15, 2011.

*9 Jacqueline Cohen, Wilpen L. Gorr, and Andreas M. Olligschlaeger, "Leading Indicators and Spatial Interactions: A Crime-Forecasting Model for Proactive Police Deployment," *Geographical Analysis* 39, no. 1 (2006): 105–127.

*10 Goode, "Sending the Police before There's a Crime."

*11 Dr. GovLoop, "Project of the Week: Memphis PD—Fighting Crime with Analytics!" August 21, 2011, URL: http://www.govloop.com/profiles/blogs/memphis-pd-fighting-crime-with-analytics

第7章

*1 アメリカン・ファクト・ファインダー（American Fact Finder）については次を参照。 http://factfinder2.census.gov/faces/nav/jsf/pages/index.xhtml

*2 アメリカン・ファクト・ファインダー（American Fact Finder）による各種タイプの調査は次を参照。 http://factfinder2.census.gov/faces/nav/jsf/pages/what_we_provide.xhtml

*3 data.govのインタラクティブ・プラットフォームは次からアクセスできます。 https://explore.data.gov/

*4 data.gov でアクセスできる各種データセットおよび使用可能なAPI は次を参照。 https://explore.data.gov/catalog/raw?&page=1

*5 世界銀行の「データ——開発者のために」を参照。http://data.worldbank.org/developers

*6 世界銀行のデータ・カタログは次を参照。http://data.worldbank.org/data-catalog

*7 世界銀行の開発データグループについては次を参照。http://data.worldbank.org/about/development-data-group

*8 世界銀行加盟国のリストは次を参照。http://www.worldbank.org/en/about/leadership/members

*9 世界開発指標パートナーに関する情報は次を参照。http://data.worldbank.org/about/wdi-partners

*10 世界銀行の「Data: Data Overview」を参照。http://data.worldbank.org/about/data-overview

*11 世界銀行の「Data: Data Quality and Effectiveness」を参照。http://data.worldbank.org/about/data-overview/data-quality-and-effectiveness

*12 世界銀行の「Data: Methodologies」を参照。http://data.worldbank.org/about/

September 2011), URL: http://www.urban.org/uploadedpdf/412402-Using-Public-Surveillance-Systems-for-Crime-Control-and-Prevention-A-Practical-Guide.pdf

*24 Eric Jaffe, "The War on Red-Light Cameras," *The Atlantic Cities* (blog), September 22, 2011, URL: http://www.theatlanticcities.com/technology/2011/09/cities-question-red-light-cameras/144/

*25 Marcus Nieto, "Public Video Surveillance: Is It an Effective Crime Prevention Tool?," June 1997, URL: http://www.library.ca.gov/crb/97/05/crb97-005.html#4amend

*26 Yunji Kim, "Cameras Surveil UCSB Students around Campus," *The Bottom Line*, November 8, 2010, URL: http://thebottomline.as.ucsb.edu/2010/11/cameras-surveil-ucsb-students-around-campus

第6章

*1 2012年1月19日のケイト・グリーンによるインリックス（INRIX）の広報兼マーケティング担当マネージャーのジム・バク氏のインタビュー、テネシー州ナッシュビルにて。

*2 David Murphy, "Google Maps Dumps Driving Times with Traffic Estimates," *PCMag*, July 16, 2011, URL: http://www.pcmag.com/article2/0,2817,2388607,00.asp

*3 Daniel C. Robbins, Edward Cutrell, Raman Sarin, and Eric Horvitz, "ZoneZoom: Map Navigation for Smartphones with Recursive View Segmentation," in *Proceedings of the Working Conference on Advanced Visual Interfaces*, 231–234 (Rochester, IL: ACM, 2004); M. Mitchell Waldrop, "TR10: Modeling Surprise," Technology Review, March–April 2008, URL: http://www.technologyreview.com/printer_friendly_article.aspx?id=20243

*4 緊急応答体制については以下のリンクを参照。http://www.i95coalition.org/i95/Projects/ProjectDatabase/tabid/120/agentType/View/PropertyID/107/Default.aspx#INFO

*5 アメリカ運輸省、連邦道路管理局の「iFlorida モデル展開の最終評価レポート」（*iFlorida Model Deployment Final Evaluation Report* (Washington, DC: US Department of Transportation, January 2009)）の第9章を参照。http://ntl.bts.gov/lib/31000/31000/31051/14480_files/chap_9.htm

*6 Duygu Balcan, Vittoria Colizza, Bruno Gonçalves, Hao Hu, José J. Ramasco, and Alessandro Vespignani, "Multiscale Mobility Networks and the Spatial Spreading of Infectious Diseases," *Proceedings of the National Academy of Sciences* 106, no. 51 (2009): 21484–21489.

http://techcrunch.com/2011/09/26/google-taps-kleiner-backed-inrix-to-provide-real-time-traffic-data-for-maps-and-navigation-apps/

*10 マッピング・データ用APIの詳細情報は次を参照。 http://code.google.com/apis/maps/documentation/webservices/index.html

*11 "App Waze Doubles from 10 to 20 million Users in 6 Months," July 5, 2012, URL: http://www.businessinsider.com/traffic-app-waze-doubles-from-10-to-20-million-users-in-6-months-2012-7

*12 "I-95 Corridor Coalition with INRIX Expands Vehicle Probe Project," October 11, 2011, URL: http://www.inrix.com/pressrelease.asp?ID=143

*13 "Memphis PD: Keeping Ahead of Criminals by Finding the 'Hot Spots,'" May 6, 2011, URL: http://www-01.ibm.com/software/success/cssdb.nsf/cs/GREE-8F8M7J?OpenDocument&site=corp&cty=en_us

*14 US Geological Survey, *The National Map*, URL: http://nationalmap.gov/

*15 アメリカの国勢調査情報は次を参照。http://www.census.gov

*16 Stuart Wolpert, "Fighting Violent Gang Crime with Math," October 28, 2011, URL: http://newsroom.ucla.edu/portal/ucla/fighting-violent-gang-crime-with-218046.aspx

*17 Erica Goode, "Sending the Police before There's a Crime," *New York Times* August 15, 2011

*18 都市部安全イニシアティブ（Urban Area Security Initiative）の詳細は次を参照。http://www.fema.gov/fy-2009-urban-areas-security-initiative-nonprofit-security-grant-program

*19 Amanda Erickson, "Why City Governments Love Crime Cameras," *The Atlantic Cities* (blog), December 14, 2011, URL: http://www.theatlanticcities.com/technology/2011/12/why-city-governments-love-crime-cameras/726/

*20 Aundreia Cameron, *Measuring the Effects of Video Surveillance on Crime in Los Angeles* (Los Angeles: University of Southern California School of Policy, Planning, and Development, 2008).

*21 Jennifer King, Deirdre Mulligan, and Steven Raphael, *CITRIS Report: The San Francisco Community Safety Camera Program* (Berkeley: University of California Center for Information Technology Research in the Interest of Society, 2008).

*22 "1,000 Cameras 'Solve One Crime,'" *BBC News*, August 24, 2009, URL: http://news.bbc.co.uk/2/hi/8219022.stm

*23 Nancy G. La Vigne, Samantha S. Lowry, Allison M. Dwyer, and Joshua A. Markman, *Using Public Surveillance Systems for Crime Control & Prevention* (Washington, DC: Urban Institute, Justice Policy Center,

*6 テントウムシプロジェクトについては次を参照。http://www.lostladybug.org/
*7 Geoffrey Fowler, "Apps Pave Way for City Services," *Wall Street Journal*, November 18, 2010, http://online.wsj.com/news/articles/SB10001424052748704658204575611143577864882
*8 Open 311 の詳しい情報は次を参照。http://open311.org/about?
*9 Paul Tough, "The Poverty Clinic," *The New Yorker*, March 21, 2011.
*10 Katie Shilton and Deborah Estrin. "Participatory Sensing and New Challenges to US Privacy Policy," n.d., URL: http://www.ntia.doc.gov/files/ntia/comments/100402174-0175-01/attachments/Shilton%20and%20Estrin%20-%20Participatory%20sensing%20challenges%20final.pdf

第5章

*1 United Nations Department of Economic and Social Affairs (DESA), *World Urbanization Prospects: The 2009 Revision. Highlights*, Report no. ESA/P/WP/215 (N.p.: DESA, Population Division, 2009), URL: http://esa.un.org/unpd/wup/Documents/WUP2009_Press-Release_Final_Rev1.pdf
*2 "Traffic Problems Tied to the Economy, Study Says," February 5, 2013, URL: http://mobility.tamu.edu/ums/media-information/press-release/
*3 Krishna Jayaraman, "'Expand to Grow' Approach: The Solution to the Increasing in the Traffic Market [sic]," August 22, 2011, URL: http://www.frost.com/sublib/display-market-insight-top.do?id=240608758
*4 交通コンテンツの詳細情報は次のサイトを参照。http://www.ttwnetwork.com/index.php/sigalert-sample
*5 http://trafficland.comでライブ交通ビデオが閲覧できます。
*6 Ali Haghani, Masoud Hamedi, Kaveh Farokhi Sadabadi, Stanley Young, and Philip Tarnoff, "Data Collection of Freeway Travel Time Ground Truth with Bluetooth Sensors," *Transportation Research Record: Journal of the Transportation Research Board* 2160, no. 1 (2010): 60–68.
*7 次を参照。"The Bright Side of Sitting in Traffic: Crowdsourcing Road Congestion Data," *Google, Official Blog*, August 25, 2009, URL: http://googleblog.blogspot.com/2009/08/bright-side-of-sitting-in-traffic.html
*8 M. D. Siegler, "Google Maps for Mobile Crosses 200 Million Installs; In June It Will Surpass Desktop Usage," TechCrunch, May 25, 2011, URL: http://techcrunch.com/2011/05/25/google-maps-for-mobile-stats/
*9 Leena Rao, "Google Taps Kleiner-Backed Inrix to Provide Real Time Traffic Data for Maps and Navigation Apps," *TechCrunch*, September 26, 2011, URL:

*11 雇用者が提供する携帯電話におけるテキストメッセージのプライバシーに関しては、次を参照。http://www.privacyrights.org/fs/fs7-work.htm#4e
*12 オンタリオ市対クオン氏(The City of Ontario v. Quon)の判決文は次を参照。http://www.supremecourt.gov/opinions/09pdf/08-1332.pdf
*13 Prabal Dutta, Paul M. Aoki, Neil Kumar, Alan Mainwaring, Chris Myers, Wesley Willett, and Allison Woodruff, "Common Sense: Participatory Urban Sensing Using a Network of Handheld Air Quality Monitors," in *Proceedings of the 7th ACM Conference on Embedded Networked Sensor Systems*, 349–350 (Rochester, IL: ACM, 2009).
*14 Min Mun, Sasank Reddy, Katie Shilton, Nathan Yau, Jeff Burke, Deborah Estrin, Mark Hansen, Eric Howard, Ruth West, and Péter Boda, "PEIR, the Personal Environmental Impact Report, as a Platform for Participatory Sensing Systems Research," in *Proceedings of the 7th International Conference on Mobile Systems, Applications, and Services*, 55–68 (Rochester, IL: ACM, 2009).
*15 Sasank Reddy, Katie Shilton, Gleb Denisov, Christian Cenizal, Deborah Estrin, and Mani Srivastava, "Biketastic: Sensing and Mapping for Better Biking," in *Proceedings of the 28th International Conference on Human Factors in Computing Systems*, 1817–1820 (Rochester, IL: ACM, 2010).
*16 George Danezis, Stephen Lewis, and Ross Anderson, "How Much Is Location Privacy Worth?" In *Fourth Workshop on the Economics of Information Security* (Cambridge, MA: Harvard University, 2005) http://infosecon.net/workshop/pdf/location-privacy.pdf

第4章

*1 Nathan Eagle and Alex Pentland, "Social Serendipity: Mobilizing Social Software," *Pervasive Computing, IEEE* 4, no. 2 (2005): 28–34.
*2 ブレンダー (Blendr) についての詳細は次を参照。http://blendr.com/help/?section=21
*3 Alyson Shontell, "Foursquare's Smart Move to Block a Creepy Stalking App Makes Facebook Look Really Bad," April 1, 2012, at http://www.businessinsider.com/foursquares-smart-move-to-block-a-creepy-stalking-app-makes-facebook-look-really-bad-2012-4
*4 プロジェクト・ノアの詳しい情報は次を参照。http://www.networkedorganisms.org
*5 リス・プロジェクトに関しては次を参照。http://www.projectsquirrel.org/index.shtml

html

*24 Jeff Welty, "GPS Tracking for Domestic Violence Offenders?" May 11, 2009, URL: http://sogweb.sog.unc.edu/blogs/ncclaw/?p=345; Kimberly Rosen, "GPS Monitoring can Curb Domestic Violence," April 10, 2009, URL: http://www.maine.gov/legis/house_gop/opinion/rosen_gpsdviolence.htm

*25 Ariana Greene, "More States Use GPS to Track Abusers," *New York Times*, May 8, 2009.

第3章

*1 マサチューセッツ工科大学で人間をプロジェクトに使うための倫理条項と規則に関する詳しい情報は同大学の「人間を実験対象に使う委員会（Committee on the Use of Humans as Experimental Subjects (COUHES)）のウェブサイトにあります。 http://web.mit.edu/committees/couhes/

*2 Liam Tung, "Microsoft to Tag Conference-Goers with RFID," August 25, 2008, URL: http://news.cnet.com/8301-1001_3-10024811-92.html ; Patrick Thibodeau, "IBM Uses RFID to Track Conference Attendees," October 17, 2007, URL: http://www.computerworld.com/s/article/9042779/IBM_uses_RFID_to_track_conference_attendees

*3 "Alliance Tech Acquires Leading Face-to-Face Social Networking Technology Addition of nTAG technology and Assets Create Industry's Most Advanced Event Measurement Solution," March 23, 2009, URL: http://www.alliancetech.com/resources/press-releases/200903/alliance-tech-acquires-leading-face-to-face-social-networking

*4 OpenKMの詳しい情報は次を参照。http://www.openkm.com/

*5 オープンソース・ソフトウェア・ツールの詳しい情報は次を参照：http://www.manageability.org/blog/stuff/knowledge-management-open-source-java

*6 Stephen Baker, "Data Mining Moves to Human Resources," *Business Week*, March 11, 2009.

*7 "Electronic Ties That Bind: Software That Spots Hidden Networks," *The Economist* (United States), June 27, 2009.

*8 ヴェリント・システムズ（Verint Systems Inc.）社に関しては次を参照。http://verint.com/solutions/index.html

*9 Danny Wyatt, Tanzeem Choudhury, Henry Kautz, and James Kitts: "Creating Dynamic Social Network Models from Sensor Data", *International Sunbelt Social Network Conference* (April 2006)

*10 雇用者が電話通話を聞く権利に関しては次を参照。http://www.privacyrights.org/fs/fs7-work.htm#2a

*10 Kristin Voigt and Harald Schmidt, "Wellness Programs: A Threat to Fairness and Affordable Care," May–September, 2009, URL: http://healthcarecostmonitor.thehastingscenter.org/kristinvoigt/wellness-programs-a-threat-to-fairness-and-affordable-care/

*11 Steve Lohr, "Carrots, Sticks, and Lower Premiums," *New York Times*, March 27, 2010.

*12 Kris Dunn, "Tribune Company Rescinds $100/Month Penalty for Smokers, Keeps Spousal Carve Out . . . ," May 2, 2008, URL: http://www.hrcapitalist.com/2008/05/tribune-company.html

*13 "Health Care Reform Offers Boost to Wellness Programs," March 24, 2010, URL: http://www.prlog.org/10592210-health-care-reform-offers-boost-to-wellness-programs.html

*14 "Demystifying ROI: What You Can Expect from Workplace Wellness Programs," 2012, URL: http://www.welcoa.org/freeresources/pdf/rongoetzel011912.pdf

*15 次の記事に引用。Susan Fahey Desmond, "Using Wellness Programs to Reduce Healthcare Costs," August 7, 2009, URL: http://hrhero.com/hl/articles/2009/08/07/using-wellness-programs-to-reduce-health-care-costs/

*16 Michelle M. Mello and Meredith B. Rosenthal, "Wellness Programs and Lifestyle Discrimination—the Legal Limits," *New England Journal of Medicine* 359, no. 2 (2008): 192–199.

*17 Voigt and Schmidt, "Wellness Programs."

*18 Ari Allyn-Feuer, "Pay-as-You-Drive Insurance, Privacy, and Government Mandates," July 17, 2009, URL: http://arstechnica.com/tech-policy/2009/07/eff-to-ca-metered-auto-insurance-is-still-a-slippery-slope/

*19 Karen Eltis, "Predicating Dignity on Autonomy: The Need for Further Inquiry into the Ethics of Tagging and Tracking Dementia Patients with GPS Technology," *Elder LJ* 13 (2005): 387.

*20 "California Counties See a Rise in Elder Abuse," January 26, 2013, URL: http://www.premierlegal.org/california-counties-see-a-rise-in-elder-abuse/

*21 "Congress Targets Senior Abuse in Elder Justice Act as Part of Health Care Reform," November 23, 2009, URL: http://seniorjournal.com/NEWS/Opinion/2009/20091123-CongressTargets.htm

*22 「ジオ・フェンス」の詳細は次を参照。http://www.geonovo.com/geofence-elderly-wanderers.html

*23 Bruce Vielmetti, "Lawsuit Accuses GPS Firm of Aiding Domestic Abuse," April 23, 2010, URL: http://www.jsonline.com/news/milwaukee/91985944.

できます。http://www.trackyourhappiness.org/

*22 ユア・フローイング・データ・システム（your.flowing.data system）は次のサイトで入手できます。http://your.flowingdata.com/

*23 デイリーダイアリー（DailyDiary）は次のサイトで入手できます。http://www.dailydiary.com

第2章

*1 Yuelin Lee and Nathan Eagle, "Using Cellular Phones to Capture Social Network Dynamics in Young Adult Smoking," National Institutes of Health grant, NIH R21, no. CA152074-01.

*2 Chyke A. Doubeni, George Reed, and Joseph R. DiFranza, "Early Course of Nicotine Dependence in Adolescent Smokers," *Pediatrics* 125, no. 6 (2010): 1127–1133.

*3 アメリカ合衆国保健福祉省薬物依存精神保健サービス部実用研究課「2007年薬物使用と保健に関する全国調査結果」（US Department of Health and Human Services, Substance Abuse and Mental Health Services Administration (SAMHSA), Office of Applied Studies, *Results from the 2007 National Survey on Drug Use and Health: National Findings*, NSDUH Series H-34, DHHS Publication No. SMA 08-4343 (Rockville, MD: SAMHSA, 2008)）は次を参照。http://www.samhsa.gov/data/nsduh/2k7nsduh/2k7Results.htm

*4 David W. Wetter, Susan L. Kenford, Samuel K. Welsch, Stevens S. Smith, Rachel T. Fouladi, Michael C. Fiore, and Timothy B. Baker, "Prevalence and Predictors of Transitions in Smoking Behavior among College Students," *Health Psychology* 23, no. 2 (2004): 168.

*5 Nathan Cobb, Amanda L. Graham, and David Abrams, "Social Network Structure of a Large Online Community for Smoking Cessation," *American Journal of Public Health* 100, no. 7 (2010): 1282–1289.

*6 Nathan Eagle and Alex Sandy Pentland, "Eigenbehaviors: Identifying Structure in Routine," *Behavioral Ecology and Sociobiology* 63, no. 7 (2009): 1057–1066.

*7 Kate Greene, "TR10: Reality Mining: Sandy Pentland Is Using Data Gathered by Cell Phones to Learn about Human Behavior," *Technology Review* March/April (2008): 54.

*8 Hilary Stout, "Technologies Help Adult Children Monitor Aging Parents," *New York Times*, July 28, 2010.

*9 これらのプライバシー権利の詳細は次を参照。http://www.it.ojp.gov/default.aspx?area=privacy&page=1285

Chae Y. Lee, "Modeling and Analysis of the Dynamic Location Registration and Paging in Microcellular Systems," *IEEE Transactions on Vehicular Technology* 45, no. 1 (1996): 82–90.

*10 Nathan Eagle and Alex Sandy Pentland, "Eigenbehaviors: Identifying Structure in Routine," *Behavioral Ecology and Sociobiology* 63, no. 7 (2009): 1057–1066.

*11 Hong Lu, Wei Pan, Nicholas D. Lane, Tanzeem Choudhury, and Andrew T. Campbell, "SoundSense: Scalable Sound Sensing for Peoplecentric Applications on Mobile Phones," in *Proceedings of the 7th International Conference on Mobile Systems, Applications, and Services*, 165–178 (Kraków: ACM, 2009).

*12 ファンフ（Funf）とファンフジャーナル（Funf Journal）の詳細は次を参照。http://www.funf.org/about.html

*13 たとえばモバイルスパイ（MobileSpy）のウェブサイトを参照。http://www.mobile-spy.com/機能のリストは次を参照：http://www.mobile-spy.com/spy_features.html

*14 関連する法律は http://www.flexispy.com/ で詳しく説明されています。スパイウェアの販売者はだいたい、このようなソフトウェアはソフトウェアの利用者が所有していない電話機では使えないと強調しています。適用される法規は地方や州や国によって異なりますので、このソフトウェアを使用する人は法律に気をつけるべきです。携帯電話ユーザーは、第三者による不法なスパイウェア使用がないか、電話機をチェックし、このような状況で注意すべき事柄を常に意識しなければなりません。

*15 SODAに関する詳しい情報は次を参照。http://soda.techneos.com/SODAHelpCenter/MobileInstallation.html

*16 "Vicon Signs License Agreement with Microsoft to Develop New Medical Technology," October 26, 2009, URL: http://www.prweb.com/releases/2009/10/prweb3048274.htm

*17 SenseCamに関する詳しい情報は次を参照。http://research .microsoft.com/en-us/um/cambridge/projects/sensecam/

*18 Google Glassに関する詳しい情報は次を参照。https://plus.google.com/+projectglass/posts

*19 マイライフビッツ（MyLifeBits）は次のサイトで入手できます。http://research.microsoft.com/en-us/projects/mylifebits/

*20 Nat Friedman, "How to Log Your Life," July 12, 2009, URL: http://nat.org/blog/2009/07/how-to-log-your-life/

*21 トラック・ユア・ハッピネス（Track Your Happiness）は次のサイトで入手

原註

はじめに

*1　Andrew McAfee and Erik Brynjolfsson, "Big Data: The Management Revolution," *Harvard Business Review* 90, no. 10 (2012): 60–66.

第1章

*1　"GSMA Announces New Global Research that Highlights Significant Growth Opportunity for the Mobile Industry," October 8, 2012, URL: http://www.gsma.com/newsroom/gsma-announces-new-global-research-that-highlights-significant-growth-opportunity-for-the-mobile-industry/

*2　以下のサイトに鬱病追跡に関する詳細な情報が掲載されています。http://www.preventivemedicine.northwestern.edu/research/mobilyze.html?t=vD1

*3　以下のサイトにパーキンソン氏病症状追跡に関する詳細な情報が掲載されています。http://www.parkinsonsvoice.org/

*4　Miko Raento, Antti Oulasvirta, Renaud Petit, and Hannu Toivonen, "ContextPhone: A Prototyping Platform for Context-Aware Mobile Applications," *Pervasive Computing, IEEE* 4, no. 2 (2005): 51–59.

*5　Nathan Eagle, "Machine Perception and Learning of Complex Social Systems," PhD diss., MIT, 2005.

*6　マサチューセッツ工科大学（MIT）の同意書「Consent to Participate in Non-biomedical Research: Inferring Social Networks Automatically Using Wearable Sensors」は以下のリンクで閲覧できます。 http://reality.media.mit.edu/pdfs/consent.pdf

*7　Tanzeem Choudhury, Sunny Consolvo, Beverly Harrison, Jeffrey Hightower, Anthony LaMarca, Louis LeGrand, Ali Rahimi, et al., "The Mobile Sensing Platform: An Embedded Activity Recognition System," *Pervasive Computing, IEEE* 7, no. 2 (2008): 32–41.

*8　Joseph F. McCarthy, David H. Nguyen, Al Mamunur Rashid, and Suzanne Soroczak, "Proactive Displays & the Experience UbiComp Project," *ACM SIGGROUP Bulletin* 23, no. 3 (2002): 38–41.

*9　Matthew Laibowitz, "Parasitic Mobility for Sensate Media," MS thesis, MIT, 2004; Amiya Bhattacharya and Sajal K. Das, "LeZi-Update: An Information-Theoretic Approach to Track Mobile Users in PCS Networks," in *Proceedings of the 5th Annual ACM/IEEE International Conference on Mobile Computing and Networking*, 1–12 (Rochester, IL: ACM, 1999); Seok J. Kim and

ま行

マイエスキューエル(MySQL) ……67
マイクロソフト…… 30, 32, 63, 97, 112-114
マイライフビッツ…… 32, 212
マイルメーター……50
マップクエスト……97
マップボックス……142, 144
マップマイライド・ドット・コム……86
マップマイラン・ドット・コム……86
マップリデュース……2
マラケシュ統計行動計画(MAPS)…… 164
マラリア……12, 149-150, 173, 177
南カリフォルニア大学……105
ミレニアム開発目標(MDG)……161, 164
ミント……138, 156-157
メディアモバイル……97
メトロスパーク……81-83
メリーランド大学……99, 102, 113
メンフィス市警……119
モリス、ロバート・J……177

や行

ユア・フローイング・データ…… 32, 211

ら行

ライフロギング…… 11, 14-15, 29-34
ランキーパー……26, 28, 87, 90
ランタスティック……26, 87
ランポス、ヴァシレオス……182
ランメーター……26
リアリティ・マイニング……3-6, 12, 16, 22, 24, 38, 43-44, 56, 60, 62, 64, 75, 81, 112, 125, 139, 159, 161, 169-170, 184, 187-188, 190-191, 193
リバティ・ミュチュアル……50
リプシッチ、マーク……178
ルー、ホン……21
ルクシー……31
レスキュータイム……23, 41
レッドブリック・ヘルス……46
連邦政府対シャーマン氏(判例)……108
老人介護モニタリング……42
ロージャック……43
ロサンゼルス警察本部……104
ロッキード・マーティン……66
ロムニー、ミット……153

わ行

ワークタイム……23, 41
ワールプール……47-48
悪い習慣……37, 41

な行

ナイキプラス……25-26
ナヴテック……97
ナショナル・パブリック・ラジオ……145
ニールセン……62, 73
21世紀開発統計パートナーシップ（PARIS21）……164
日産……100
ニューヨーク市立大学……39
ニューヨーク大学……78
『ニューヨークタイムズ』……132
『ネイチャー』……147, 180
ネスターソフト……23
ノースロップ・グラマン……66
ノキア6600……15-19

は行

バージン・ヘルス・マイルズ……46
パーソナライズド・エンバイロメンタル・インパクト・レポート……71
バイオセンサー……24-25
バイクタスティック……72, 87
バイクリー……87
ハドゥープ……2
バラバシ、アルバート＝ラスロ……147-148
『パワーズ・オブ・テン』……4
バンク・オブ・アメリカ……137, 155
犯罪…3, 50, 54, 67, 82, 95-96, 102-109, 111, 117-121
犯罪予想……102, 120-121
ビッグデータ……1-6, 43, 56, 111, 156, 163, 172-174, 180-181, 184, 187-188, 190-191, 193-194
人々の移動形態……165, 170
避難……112, 114-116, 120
病気……12, 25, 88, 109, 112, 171, 174-176, 183-184
病原菌の追跡……116
ファンフ（オープン・センシング・フレームワーク）……21, 212
フィックスマイストリート……85
フィットビット（の歩数計）……25, 27
フェイスブック…13, 29, 55, 82-83, 90, 125, 127, 134-136, 139, 142-143, 150-153, 158, 168-170, 173-174, 182, 198, 201, 203
　オープングラフ……169
フォースクエア……82-83, 90
フォード……97, 100
フォックストラックス・ビークル・トラッキング……54
プライバシー……2-3, 5-6, 11, 15-16, 21, 29, 34-37, 41, 43-46, 48-49, 52, 54-55, 64, 68-70, 74-75, 78-80, 82-83, 87, 89-90, 95-96, 101, 106-108, 127, 131, 133, 135, 188-189, 208, 211
ブラック&デッカー……47
ブラックベリー……22
プリズム（PRISM）……132
ブルーアウェア（ソフトウェア）……17-18
ブルークラッシュ……103
ブルーダー……18
ブレンダー……82-83, 208
プログレッシブ……50
プロジェクト・ノア……78, 84-85, 208
ブロックマン、ダーク……116
ペイ・アズ・ユー・ドライブ（PAYD）……46, 50
『米国科学アカデミー紀要』……165
米国障害者法（ADA）……48
ヘイスタック……67
ベイビュー（サンフランシスコ）……88
ベル、ゴードン……31-32
ヘルシンキ大学……17, 22
ポータブル・ピープル・メーター……74
ポール、マイケル・J……183
歩数計……3, 13, 25-27, 35-36, 47
ボディメディア……25, 27-28
ボバシェフ、ゲオルギー……177
ポラー……25
ホルヴィッツ、エリック……114

シンギュラー……17
人口動態のスナップショット……143
心拍数モニター……47
シンビアンOSの携帯電話……22
シンビアン・シリーズ60のソフトウェア・プラットフォーム……17
睡眠計測器……25
スカイフック……19
ステータス・アップデート… 13-15, 28-29, 136, 152, 173, 182
スパイウェア……16, 21, 23, 38, 212
スプリント……97, 132
スマートアラーム……25
スマートバッジ……16, 60, 63-65
　会議用——……75
スマートフロー……114
スライフ……23, 41
スリープサイクル……25
スリムタイマー……23, 41
生産性のモニタリング……41
ゼオ・パーソナル・スリープ・コーチ……25, 27
世界銀行… 125-126, 129-130, 141-142, 144-146, 161, 163-164, 202-204
世界食糧計画(WFP)……145
世界データ……159, 168
ゼネラル・エレクトリック……42, 53
ゼネラルモーターズ……43, 51
　アクセプタンス・コーポレーション(GMAC)……51
セルフ健康監視……46
セレンディピティ……78, 81
センサーで運転……49
センスカム……30-31
船舶路線……177
装置探知……17
ソーダ(SODA)……24
ソフトウェア… 11-19, 21-24, 29, 31, 33-35, 39, 41, 44-45, 54, 60-61, 65-68, 73-74, 79-82, 85, 114, 125, 156, 209, 212

た行

ダートマス大学……21, 29
タシット・ソフトウェア……66, 79
タンジェリン・ウェルネス……46
知識管理システム……60-61, 81
知識共有仲介システム……78
チュー、シンシア……183
追跡ソフトウェア……23
ツイッター… 13, 29, 32, 55, 83, 90, 125, 127, 134, 136, 139, 143, 153-155, 158, 162, 168-170, 174-175, 182-184, 199
通勤通学の経路……61, 72, 86-89
ティーモバイル……17
デイリーダイアリー……33, 211
デイリーマイル・ドット・コム……87
デヴェロップメント・シード…… 142, 144-145, 202
データシフト……168, 199
データ品質評価フレームワーク……129
テクネオス……24
デクラーラ……66-67
デング・トラッカー(グーグル)……181
電子通信プライバシー法……44
伝染病…… 12, 112, 116, 127, 149-150, 161, 170, 172-173, 176, 179, 189
統計開発国家戦略……164
道路リソース……114
トータル・リコール……31
都市部安全イニシアティブ……105, 206
都市部交通レポート……96
都市分析論……95
トプシー……168
トムトムインターナショナルBV……97
トラック・ユア・ハッピネス……32, 212
トラフィコン……98
鳥インフルエンザ(H1N1)……179, 182
トリビューン社……48
トレサタ……138
ドレッゼ、マーク……183

グローバルデータ……163
▸世界データも見よ
グローバル・パルス……143, 153–154
クローム(ウェブブラウザ)……134
クロック……23, 41
経済協力開発機構(OECD)……163, 200
携帯電話……5, 11–22, 24–30, 32, 37–40, 42, 44–45, 47, 55, 61, 64, 71–73, 75, 78–79, 81–82, 85–86, 88–90, 95–97, 99–102, 113, 125–126, 131–133, 142, 147–148, 150, 156, 163, 170–172, 174, 178–179, 183–185, 189, 191, 208, 212
ゲーデケ、マイケル……177
ケニア……149–150
ケリー、ケヴィン……31
健康プログラム……46–49
健康保険の移転と責任に関する法律……48
憲法修正条項第4条(公務員の電子通信への政府の介入に関する)……69
ゲンメル、ジム……31
航空路線……165, 177
広告……44, 74, 127, 134–135, 138–139, 142–143, 150–153, 158, 169, 180, 190–191, 201, 203
交通……50, 72, 87–89, 95–102, 106–109, 111–116, 120, 165–166, 189, 200, 207
交通と犯罪を監視するカメラの合法性……106
行動監視ソフトウェア……41
幸福……6, 32, 46
公務員……69
ゴー、ウィルペン……118
コーエン、ジャクリン……118
コーネル大学……84
ゴープロ……31
コーン・オントロジー・アンド・セマンティック・ウェブ・インフラストラクチャー……67
国際航空運送協会(IATA)……165
国際世帯調査ネットワーク……164, 200
国際通貨基金(IMF)……129, 163
国勢調査……125–126, 128, 132, 138, 141–142, 146, 156, 161–165, 172, 202, 206
国道95号回廊連合……102, 113–114
国連……143, 153, 161, 163, 201
個人データ解析……36
国家安全保障局……132
コムスコア……167
コモンセンス(プロジェクト)……70, 88
雇用機会平等委員会(EEOC)……48
コリッツァ、ヴィットリア……165, 176
コワリ……67
コンゴ民主共和国……149
コンテキスト・フォン……15
コントゥール(ウェアラブルなビデオカメラ)……31
コンプスタット……117–119

さ行

サウンドスケープ(音風景)の監視……72
サプライズのモデル化……113–114, 120
参加型データ収集システム……79
サンノゼ311……85
シークリックフィックス……85
疾病予防管理センター(合衆国)……180
シティソースド……79, 85
自転車通勤・自転車通学……72, 87
自動車……36, 45–46, 50, 54, 87, 100, 104
自動認識システム(AIS)……166
自分だけの世論調査アプリ……150
市民的自由……53
ジムリング、フランクリン・E……117
社会的ネットワーク……39–40, 60, 68, 77, 79, 131, 146–147
ジャナ……163, 171, 179, 191
従業員を見守る……66
症候監視……179
職場のモニタリング……61
シルトン、ケイティ……90
ジンガ……136, 203

ウォークジョグラン・ドット・ネット…86
英国健康保護局……182
エージェント・ヴィーアイ……98
疫病学……174-176, 178-179
疫病用のソーシャルネットワーク……182
エクステカ……67
エコロジカル・モメンタリー・アセスメント……38
エストリン、デボラ……71, 91
エヌタグ……65
エリクソン……17
オーディエンス・メジャメント・テクノロジーズ……73
オープン311……86
オープンケーエム……67
オープンプランズ……86
オバマ、バラク……48-49, 152
オラクル……66-67
オリグシュレーガー、アンドレアス……118
オンスター……43
オンタリオ市対クオン氏(判例)……69, 208

か行

カーディオネット……25, 27
カーネギーメロン大学……118
ガーミン……25, 27, 97-98
ガールズ・アラウンド・ミー……82-83
会議……1, 16, 21, 35, 40, 60, 63, 65, 78, 81, 118
介護者……45, 53
開発データグループ(世界銀行)……129, 204
可視化……24, 27, 32, 41, 103, 125-126, 138, 141-142, 144, 156-157, 181
カセレス、ラモン……133
加速度計……12, 21, 25, 27, 30, 47, 72, 84
カタフォラ……67
合衆国国土安全保障省……104
合衆国人口統計局……104
合衆国地質調査所……103
カッツ氏対連邦政府(判例)……107
貨物船……166-167, 177
カリフォルニア大学サンタクルーズ校……104
カリフォルニア大学バークレー校……105
カリフォルニア大学ロサンゼルス校(UCLA)……71, 104
カルーザ、パブロ……166
環境センサー……71
監視…2, 23, 30, 52-54, 69, 85, 90, 95-96, 98, 101, 104-108, 113, 119, 132, 137, 179-181, 183, 190
機会インデックス……145, 202
喫煙……37-40, 45, 48
キベラ(ナイロビ)……148
緊急対応……114
銀行取引……137
金融データ……130, 139, 143, 155, 157
近隣地域の改善……70
クイックン……156
空気質センサー……70, 88
グーグル…5, 19, 97, 102, 112-113, 125-127, 134-136, 139-142, 150-153, 158, 167, 180-185, 197, 199, 203
　インサイト・フォー・サーチ……162
　――グラス……13, 15, 31, 34
　パブリック・データ・エクスプローラー……130, 141, 144
　フルー・トラッカー……162, 174
　フルー・トレンズ……152, 180-181, 184
　――マップ……100-101, 113
クォンティファイド・セルフ……31
グニップ……168
クライムマッピング・ドット・コム……106
クライムリポーツ・ドット・コム……106
グラインダー……82-83
グラクソ・スミスクライン……66
クリア・チャンネル……98
クリスチアーニ、ネロ……182
クリムゾン・ヘキサゴン……154
クルム、キャサリン……137, 155

索引

アルファベット

Android携帯……21, 26, 87
AT&T……17, 97, 132-133
Bluetooth装置……17-19
BMW……97
CDR(通話データ記録)…126-127, 131-133, 137-138, 142, 146-149, 158, 170, 174, 178-179
Gmail……134, 151
Google+の社会的ネットワーク……134
GPRS……17
GPS……12, 19, 21-23, 25-27, 39, 49-50, 53-55, 71-72, 87, 95-97, 99-100, 113, 115, 209-210
GPS時計……25
GSMAワイヤレス・インテリジェンス…178
HRS-1……27
IBM……63, 66, 119, 209
iPhone……21-22, 25-26, 82, 87, 113
iPod……26
i-TAG……54
ITIS……99
MIT…15, 19-22, 38, 60, 64-65, 81, 137, 155, 188, 191, 201, 203, 213
OAGのデータベース……166
RFID……16, 55, 60, 63-65, 209
UBMアヴィエーション……166, 200
WHERE……133, 138
YouTube……134

あ行

アーバン・インスティテュート……105
アービトロン……73-74
アイゲンビヘイビア(計算ツール)……20
アイザックマン、シブレン……133
アイスリープトラッカー……25, 27
アイゼンバッハ、ギュンター……151, 183
アイルメント・トピック・アスペクト・モデル(病気話題特徴モデル)……183
アウディ……100
アクセンチュア……40
アップルストア……83
アドセンス……134, 150-152
アメリカ健康協会(WELCOA)……48
アメリカ自由人権協会……106
アメリカン・ファクト・ファインダー……128, 204
アライアンス・テック……63, 65
荒牧英治……183
『安全になった都市』(本)……117
イーグル、ネイサン……38, 148-150, 163, 170-171, 191
イームズ、チャールズ……4
イームズ、レイ……4
一般データ普及システム……129
イリノイ大学……84
インテグレーテッド・メディア・メジャメント(IMMI)……62
インテル……70, 88
インフラ計画……114
インフルエンザ……12, 151-152, 157, 167, 171, 173-175, 177, 179-185
インリックス……97-102, 112-113, 205
ヴィークル・プローブ・プロジェクト(VPP)……115
ヴィコン……30
ウィジング……25-26
ウインドウズモバイル……22
ウェイズ……101-102
ウェストナイル熱……177
ヴェスピニャーニ、アレッサンドロ…116-117
ウェソロースキー、エイミー……148
ヴェリント・システムズ……68, 209

著者

ネイサン・イーグル

Nathan Eagle

1976年生まれ。コンピュータ工学者。社会システムのエンジニアリングを研究。膨大な携帯通話データを市場調査・商品開発支援に活用するシステムを運営するジャナ社の共同創業者兼最高経営責任者（CEO）。ハーバード大学兼任助教授（疫病学）、ノースイースタン大学助教授（コンピュータ科学）。

ケイト・グリーン

Kate Greene

科学技術ジャーナリスト。サンフランシスコ在住。2005-2009年、MIT『Technology Review』の情報テクノロジー担当エディターを務めた。『エコノミスト』『ディスカバー』『U.S. ニューズ & ワールド・レポート』などに執筆している。http://www.kategreene.net/

監訳者

ドミニク・チェン

Dominique Chen

1981年東京生まれ。フランス国籍。カリフォルニア大学ロサンゼルス校卒業。東京大学大学院学際情報学府博士課程修了。博士（学際情報学）。NPO法人コモンスフィア理事。株式会社ディヴィデュアル共同創業者・取締役。著書『インターネットを生命化する　プロクロニズムの思想と実践』（青土社）、『フリーカルチャーをつくるためのガイドブック』（フィルムアート社）など。

訳者

ヨーズン・チェン

YoJung Chen

1947年台湾生まれ。フランス国籍。慶応義塾大学文学部卒、同大学院修士課程修了。フランス外交官として世界各国に駐在。2012年にフランス外務省を定年退官。以後、国際情勢評論記事を書いている。フランス国家功労勲章のシュバリエ章を受章。英、仏、日、中、ベトナムなど各国語に堪能。

みんなのビッグデータ

リアリティ・マイニングから見える世界

2015年2月4日　初版第1刷発行

著者　ネイサン・イーグル＋ケイト・グリーン
監訳者　ドミニク・チェン
訳者　ヨーズン・チェン
発行者　長谷部敏治
発行所　NTT出版株式会社
〒141-8654 東京都品川区上大崎3-1-1 JR東急目黒ビル
営業担当 TEL 03 (5434) 1010 FAX 03 (5434) 1008
編集担当 TEL 03 (5434) 1001
http://www.nttpub.co.jp/
印刷・製本　図書印刷株式会社

ISBN 978-4-7571-0350-4　C0030